扣好人生第一粒扣子

思想政治课教育教学的思考和探索

赵爱军 著

知识产权出版社
全国百佳图书出版单位
—北京—

图书在版编目（CIP）数据

扣好人生第一粒扣子：思想政治课教育教学的思考和探索/赵爱军著．—北京：知识产权出版社，2019.11

ISBN 978-7-5130-6516-0

Ⅰ.①扣…　Ⅱ.①赵…　Ⅲ.①政治课—教学研究—高中　Ⅳ.①G633.202

中国版本图书馆 CIP 数据核字（2019）第 213771 号

责任编辑：高　超　　　　责任校对：王　岩

封面设计：臧　磊　　　　责任印制：孙婷婷

扣好人生第一粒扣子

思想政治课教育教学的思考和探索

赵爱军　著

出版发行：知识产权出版社有限责任公司　　网　址：http://www.ipph.cn

社　址：北京市海淀区气象路 50 号院　　邮　编：100081

责编电话：010-82000860 转 8383　　责编邮箱：morninghere@126.com

发行电话：010-82000860 转 8101/8102　　发行传真：010-82000893/82005070/82000270

印　刷：北京建宏印刷有限公司　　经　销：各大网上书店、新华书店及相关专业书店

开　本：720mm×1000mm　1/16　　印　张：13

版　次：2019 年 11 月第 1 版　　印　次：2019 年 11 月第 1 次印刷

字　数：173 千字　　定　价：58.00 元

ISBN 978-7-5130-6516-0

前言

2019年3月18日，习近平主席在学校思想政治理论课教师座谈会上强调指出："我们办中国特色社会主义教育，就是要理直气壮开好思政课，用新时代中国特色社会主义思想铸魂育人""思政课教师，要给学生心灵埋下真善美的种子，引导学生扣好人生第一粒扣子。"看到这篇报道，作为中学思想政治课教师的我，心中充满了感动、温暖和强烈的责任感。

想起诗人艾青的一句诗："为什么我的眼中常含泪水，因为我对这土地爱得深沉。"作为从教30年的中学思想政治课教师，正好经历了我国改革开放40年这一时代的变迁。中国经历了从富起来到强起来的历史性飞跃，如今我们已经进入中国特色社会主义新时代。40年，不仅有时代的变迁，以及消费能力、生活水平的变化，更有人们消费观念、民主观念、价值取向的变化。作为教师，尤其是中学政治教师，我从三尺讲台深刻地感受到经济社会发展给社会主流价值观和人们价值取向带来的冲击，深刻地体会到这种变化和冲击给思想政治课教学带来的影响，但不变的是对培养社会主义事业接班人的信念和坚持。不管是阳光明媚还是疾风骤雨，作为中学政治教师，我一直坚守着自己的阵地，教书育人。为中华民族的美好未来、为学生的全面发展而教，为党和国家培养合格的接班人而育。

经过30年的磨合，职业生活和个人生活已经融为一体，中学政治教师已经成为我的另一个名字，更是我不能放下的责任。

青年兴则国兴，青年强则国强。青年一代有理想，国家就有前途，民族就有希望。习近平总书记在党的十九大报告中提出了“培养担当民族复兴大任的时代新人”的要求。育新人，就是要坚持立德树人、以文化人，培育和践行社会主义核心价值观。

“船的力量在帆上，人的力量在心上”，培养担当民族复兴大任的时代新人，首先要培育和践行社会主义核心价值观，而培育和践行社会主义核心价值观的核心在于要以坚定的理想信念筑牢精神之基，让理想信念的灯塔照亮精神的家园。这个理想信念就是对马克思主义的信仰，对社会主义和共产主义的信念，对中国特色社会主义道路、理论、制度、文化的自信。

培育和践行社会主义核心价值观，筑牢理想信念之基是个系统工程，从学校教育层面讲，高中思想政治课发挥着独特的不可替代的作用。作为中学思想政治教师，要抓住青少年价值观形成和确定的关键时期，充分发挥思想政治课堂这个主阵地的功能，引导青少年扣好人生第一粒扣子，踩实人生第一级台阶。

立物易，立心难。思想的影响、价值观的塑造，具有长期性、复杂性和艰巨性。要立心，前提在于走心，走心才可能动心。因此，作为思想政治课教师，从教30年来，我一直思考、探索、创设基于学生真实生活体验的问题情境，层层递进地追问，启迪思考，叩击心灵。在追问探究交流中厘清学生在价值观认识上的偏颇，引领学生学会理性地、辩证地认识社会，正确处理自己和他人、国家的关系，树立正确的家国情怀，培养学生的政治认同、科学精神、法治意识和公共参与的核心素养，完成政治课立德树人这一根本任务。在提高学习效率的同时，又有声留痕地进行价值观的引领。

本书把从教以来自己对思想政治课教学的思考、探索和做法写出来，一方面为同行授课提供交流的平台；另一方面让更广大的读者了解新时代真实的高中思想政治课教学，理解一线政治教师在培育时代新人工作中的探索、奉献和坚守。

CONTENTS

目 录

一

认识高中思想政治课

在现实生活中，绝大多数人对语文课、数学课、物理课、地理课讲什么内容，学生通过学习这些课程会增强哪些素养和技能等大体有一定的了解。如语文课上，学生可以学习文字、背古诗、学习写作，让自己变得博学而儒雅；数学课上，学生不仅可以学会最基本的与生活息息相关的计数方法和技能，还可以学会逻辑性较强的理性思维方式，为学习物理等课程奠定基础；历史课上，学生可以了解中国和世界的发展历程，了解国家和民族的兴盛衰亡……那么，思想政治课是一门什么性质的课呢？思想政治课讲什么内容呢？思想政治课的课堂教学又会是怎样的景象呢？

如果让你来描绘思想政治课课堂的样子，你会呈现怎样一幅场景？刻板的教师、空洞的理论、毫无生气的课堂……实际上，很多人都认为思想政治课就是背背理论、讲讲政策，是“务虚”的，出不了“实绩”。目前，北京市的高中政治教材分为必修一《经济生活》，主要介绍货币、价格、供求、企业与就业、财政与税收、市场与调控等；必修二《政治生活》，主要包括公民的权利和义务，我国政府的职能、责任，我国政党制度和民族制度，我国外交政策；必修三《文化生活》，主要包括文化作用，文化的传承和创新，中华文化和中国特色社会主义文化；必修四《生活与哲学》，主要包括哲学是什么，探索世界和追求真理。可以说内容非常丰富，对青年学生思维的训练、视野的开拓、人生观、世界观、价值观的形成起着不可或缺的作用。

习近平总书记曾指出，“思想政治理论课是落实立德树人根本任务的关键课程。”“思政课作用不可替代”，这就从党和国家的最高层面对思想政治课的重要地位予以了充分肯定和高度重视。

为什么思想政治课在育人方面有着如此重要的地位和作用呢？这要从思想政治课的课程性质说起。

（一）高中思想政治课是一门什么性质的课

根据《普通高中政治课程标准》人教版（2017 年版）的有关规定：高中思想政治课以立德树人为根本任务，以培育社会主义核心价值观为根本目的，是帮助学生确立正确的政治方向，提高思想政治学科核心素养，增强社会理解和参与能力的综合性、活动型学科课程。

朱明光教授在《关于思想政治学科核心素养的思考》一文中，曾这样定义过思想政治课的学科特色——要“辨识这门课程的本质特征，有这样几个视点：作为中国特色的德育课程，它具有不同于其他任何国家相关课程的核心价值；作为一门学科课程，它具有不同于一般德育活动的学科特点；作为学科课程体系中的科目，它具有不同于一般科目的整合方式；作为专门进行思想政治教育的学科，它具有不同于一般学科教育的德育功能”。可见，高中思想政治课既是学科课程，又是德育课程。说它是学科课程，因为它有自己独特的学科理论、学科逻辑等学科课程的任务和要求；说它是德育课程，因为它在学校教育中，相较于其他学科而言，在育人方面有着重要的且不可替代的作用。

1. 思想政治课是学科课程

首先，高中思想政治课是一门以专业知识为支撑的学科课程。基于发展中国特色社会主义这一主题，目前，必修课程的整体框架包括四个模块，即《经济生活》《政治生活》《生活与哲学》《文化生活》。经济、政治、文化，是构成社会有机体的三个领域。学生每天接触到的各种社会现象，无非就是这三个领域中的现象。以 2019 年故宫的上元灯会为例，此次“紫禁城上元之夜”文化活动作为“紫禁城里过大年”系列展览活动的延续，目的是满足公众的文化需求、心理需求、情感需求，更好地阐释“传统节庆”这一充满团圆幸福感的话题，因此，此次活动是文化现象；灯会首次在晚间免费对预约公众开放，据说预约票在网上被炒到了上千元，这是经济现象；此次上元灯会还邀请了劳动模范、北京榜样、快递小哥、环卫工人、解放军和武警官兵、消防队员、公安干警等各界代表，前往观灯赏景，共贺良宵，这又使灯会具有了一定的政治意义；作为社会的一员，我们应该如何正确地认识和评价故宫的这次“上元灯会”活动，就需要哲学的思维方式。学生生活在社会中，天天都会看到各种社会生活现象，天天都要参与社会生活中的活动。作为社会人，学生必须逐步学会分析社会生活中的政治、经济、社会现象，理解它们的本质和规律。通过这四个必修模块的学习，学生应学会最基本的经济、政治、文化、哲学的理论知识，具备一定的参与社会生活的能力。必修课程是培育全体学生学科核心素养的基本载体。

其次，高中思想政治课还有自己的选修课程。选择性必修课程是对必修课程的延展，能够满足学生多样化的学习兴趣和升学需要。选修课程更关注学生专业素养发展、高校自主招生及学生个性化发展的需要。目前，北京市必选的选修课主要是《国家和国际组织》和《经济学常识》。因此，思想政治课是以专业理论为支撑的学科课程，而且还是综合性学科课程。

2. 思想政治课是德育课程

根据《普通高中政治课程标准》人教版（2017 年版）的有关规定：高中思想政治课程紧密结合社会实践，讲授马克思主义基本原理，特别是马克思主义中国化最新成果，引导学生经历自主思考、合作探究的学习过程，理解中国特色社会主义进入新时代的历史方位，了解新时代中国特色社会主义经济、政治、文化、社会、生态文明建设和党的建设进程，培育政治认同、科学精神、法治意识和公共参与等核心素养，逐步树立共产主义远大理想和中国特色社会主义共同理想，坚定中国特色社会主义道路自信、理论自信、制度自信、文化自信，基本形成正确的世界观、人生观、价值观。

可见，高中思想政治课程具有鲜明的德育工作的引领性。它与初中的道德与法治、高校思想政治理论等课程相互衔接，与时事政治教育相互补充，与高中其他学科教学和相关德育工作相互配合，共同承担起思想政治教育立德树人的任务。

作为专业学科课程和德育课程的思想政治课，一方面可以教会学生一定的学科技能；另一方面又承载着为谁培养人、培养什么人的重任。这样的课程，不论是在学生成长中还是在国家的发展中，都处于至关重要的地位。

（二）思想政治课学科的吸引力

作为一门不论对个人成长还是对国家发展来说都有着重要作用的课程，思想政治课除了地位、作用重要之外，课程本身也有巨大的吸引力。

1. 学科知识的魅力

目前，思想政治学科包括必修课程和选修课程。必修课程是培育全体学生学科核心素养的基本载体。选择性必修课程是对必修课程的延展，能够满足学生多样化的学习兴趣和升学需要。选修课程更关注学生专业素养发展、高校自主招生及学生个性化发展的需要。

基于发展中国特色社会主义的主题、主线，设计必修课程的整体框架目前包括四个模块。必修模块一《经济生活》；必修模块二《政治生活》；必修模块三《文化生活》；必修模块四《生活与哲学》。选修模块是对必修模块的拓展和延伸，目前，北京市主要的两个选修模块是选修二《经济学常识》和选修三《国家和国际组织》。未来，必修模块将改为，模块一“中国特色社会主义”，依循历史进程，讲述为何开创和发展中国特色社会主义；模块二“经济与社会”、模块三“政治与法治”、模块四“哲学与文化”，依托模块一的基本原理，讲如何坚持和发展中国特色社会主义。基于选择性必修课程和选修课程是必修课程的延展，确定选择性必修模块和选修模块与必修模块的关系。选择性必修课程设置“当代国际政治与经济”“法律与生活”“逻辑与思维”三个模块，与必修课程的实施相互配合、相互补充。选修课程设置“财经与生活”“法官与律师”“历史上的哲学家”三个模块，是对必修课程和相关选择性必修课程的进一步拓展。

现在，高中思想政治课的必修课程，即《经济生活》《政治生活》《文化生活》《生活与哲学》。这四个必修模块的学科内容，既有理论的“高大上”，又有和学生生活相对接的“亲民风”，对高中学生很有吸引力，以至于很多毕业的学生都心心念念着思想政治课的学科知识。下面我们一起体会思想政治课学科知识的魅力，见表 1－1。

表1－1 《经济生活》内容简介

必修模块一《经济生活》		
第一单元	生活与消费	神奇的货币：货币、信用卡、支票和汇票
		多变的价格：影响价格的因素，价格变动的影响
		多彩的消费：消费及其类型，树立正确的消费观
第二单元	生产、劳动和经营	生产与经济制度：生产和消费关系，我国基本经济制度
		多变的价格：影响价格的因素，价格变动的影响
		投资理财的选择：存款储蓄和商业银行，股票、债券和保险
第三单元	收入与分配	个人收入分配：我国现阶段个人消费品分配制度，收入分配与社会公平
		财政和税收：国家财政，征税和纳税
第四单元	发展社会主义市场经济	走进社会主义市场经济：市场配置资源，社会主义市场经济
		新发展理念和中国特色社会主义新时代的经济建设
		经济全球化与对外开放

通过表1－1《经济生活》的知识体系，我们可以看到，这本书从学生身边的经济现象讲起，从学生天天都能见到的商品、货币、价格入手，介绍了商品、货币的产生、本质，如何正确看待货币，对待金钱；市场上的价格为什么会发生变化，价格变化后又会对企业生产和消费产生什么影响；作为投资理财的渠道有哪些，企业如何安排自己的生产和经营，国民收入如何分配，国家财政有哪些作用；我国的社会主义市场经济为什么要实行对外开放，坚持多边主义等等。通过这些知识的学习可以培养学生做好理性经济人，提高其参与经济生活的意识和能力。这样的学科知识对每天与经济现象打交道的学生来说，有着无穷的魅力和吸引力。吸引他们去探究现象背后的学科道理，吸引他们由感性人转变为理性人。

表 1-2　《政治生活》内容简介

必修模块二《政治生活》		
第一单元	公民的政治生活	生活在人民当家作主的国家
		我国公民的政治参与
第二单元	为人民服务的政府	我国政府是人民的政府
		我国政府受人民监督
第三单元	发展社会主义民主政治	我国的人民代表大会制度
		民族区域自治制度和宗教工作基本方针
		中国共产党领导的多党合作制度和政治协商制度
第四单元	当代国际社会	走进国际社会
		维护世界和平，促进共同发展

从表 1-2《政治生活》的内容可以看出，这一必修模块介绍了我们生活在什么样的国家，宪法赋予了公民哪些权利和义务；为什么我国的社会主义民主是最真实、最广泛、最管用的民主；公民应该如何参与民主选举、民主决策、民主管理和民主监督；我国的政府是怎样的政府，政府的权威从哪里来；我国的政治制度有哪些，与西方的政治制度有什么区别；我国有 56 个民族，我国是如何铸牢中华民族共同体意识、促进各民族像石榴籽一样紧紧抱在一起的；我国的外交政策是什么，为什么要实行这样的外交政策等。可见，必修模块二对中国特色社会主义民主政治的基本内容作了比较系统的阐述，以学科知识为背景回答政治生活主题的相关问题。一方面对学生进行公民教育，使学生知道我国的公民权利和义务、公民和政府的关系以及我国现行的政治制度和政治政策。另一方面引导学生明确我国实行现行政治制度和体制的原因，理解世界上没有哪两个国家的政体是完全一样的，这是因为除了国体对政体的决定作用外，地理环境、历史渊源、文化传统、人口因素、发展程度

等都是影响政体的因素。这些综合因素导致了不同的国家各具特色的政治制度。通过学习让学生明白，任何国家发展道路和制度的选择都绝不能照搬别国的，不能跟在别人后面亦步亦趋，适合本国国情且能为百姓带来实实在在的获得感、幸福感的民主制度就是最好的。从而培养学生坚定道路自信、制度自信和理论自信，引导学生从社会人转变为合格公民，形成正确的政治观点，树立正确的政治方向。

首先，要培养中国特色社会主义的建设者和接班人，就要培育和践行社会主义核心价值观的基本内容和要求，继承和弘扬中华优秀传统文化、革命文化、发展中国特色社会主义文化，使学生坚定中国特色社会主义道路自信、理论自信、制度自信和文化自信；其次，当前文化与经济、政治相互交融，在综合国力竞争中的地位越来越突出，维护国家文化安全的任务更加艰巨，增强国家文化软实力、中华文化国际影响力的要求更加紧迫。从一定意义上说，谁占据了文化发展的制高点，谁拥有了强大的文化软实力，谁就能在激烈的文化竞争中赢得主动。最后，随着经济的发展，人们生活水平的不断提高，学生的文化生活日益丰富、文化需求日益强烈。随着社会的发展，文化市场和大众传媒不断提供多样化的文化产品，以满足人们的文化需求；采用人们喜闻乐见的方式，潜移默化地引导人们树立正确的价值观念，提高人们的思想道德素养。但由于文化市场的自发性和传媒的商业性，在经济利益的驱使下，文化产品良莠不齐、泥沙俱下，如短视频中的不健康内容等。对于价值观正在形成的学生来说，生活中的冲突、价值观上的困惑越来越多地体现在文化层面上。因此，思想政治教育要提高针对性，以学科课程为载体，为学生介绍文化的基本概念、原理，引导学生认识文化发展的一般规律，坚持中国特色社会主义的文化发展道路，树立中华文化自信、中国特色社会主义文化自信，见表1－3。

表1-3 《文化生活》内容简介

必修模块三《文化生活》		
第一单元	文化与生活	文化与社会
		文化对人的影响
第二单元	文化传承与创新	文化多样性与文化传播
		文化继承性与文化发展
		文化创新
第三单元	中华文化与民族精神	我们的中华文化
		我们的民族精神
第四单元	发展中国特色社会主义文化	走进文化生活
		坚持中国特色社会主义文化发展道路
		培养担当民族复兴大任的时代新人

综上所述，从《经济生活》《政治生活》和《文化生活》模块的内容可以看出，思想政治课的学科知识对学生来说是其成长过程中由家庭走入社会，由自然人转变为社会人，成为合格政治人所必备的技能和素养，也是学生渴望了解的知识和内容，对学生来说是充满魅力的。

高中思想政治课要培养具有科学精神素养的学生，即要求用马克思主义基本立场、观点和方法，观察事物、分析问题、解决矛盾；解放思想、实事求是，对经济、政治、文化、社会和生态文明建设的实践，做出科学的解释、正确的判断和合理的选择；感悟人生智慧，过有意义的生活；以锐意进取的态度和负责任的行动促进社会发展。学生要具有科学精神素养，首先要掌握科学的理论。马克思主义作为正确的世界观和方法论，是科学、是真理，人类发展需要科学，社会进步呼唤真理。这就需要学生学习马克思主义哲学。

据有关权威统计数据显示，在当代这样一个快节奏的时代，高达74%的人仍会在碎片化的时间中保持阅读习惯。但人们更加偏向于内容精练、篇幅短小的资讯类阅读，如“10 分钟带你了解历史”“5 分钟读完一本名著”……而且，随着智能手机的出现和发展，手机等电子产品类阅读逐渐占据了人们阅读中的大部分。这种碎片化、快餐化的阅读方式，虽然满足了人们快速了解知识的需求，但在此背景下，也容易导致人们对问题的认识片面化、思维表面化。这种阅读方式也在影响着学生的认知方式和思维方式。他们对问题的分析不求甚解，浮于表面，而且功利心强，急于以最少的付出得到最大的回报。这样的思维方式和思维习惯，不符合高质量发展的需要。因此，必须培养学生正确的思维方式，教会学生多角度、全面地看问题。而高中思想政治中的必修模块四《生活与哲学》就是教给学生这样知识的课程，见表1－4。

表1－4　《生活与哲学》内容简介

必修模块四《生活与哲学》		
第一单元	生活智慧与时代精神	美好生活的向导
		百舸争流的思想
		时代精神的精华
第二单元	探索世界和追求真理	探究世界的本质
		把握思维的奥妙
		求索真理的历程
第三单元	思想方法和创新意识	唯物辩证法的联系观
		唯物辩证法的发展观
		唯物辩证法的实质与核心
		创新意识与社会进步
第四单元	认识社会和价值选择	寻觅社会真谛
		实现人生价值

高中思想政治课的学科内容，不仅教会学生具体的知识技能，而且还引导学生如何成为合格的社会人，如何做一名有竞争能力和担当意识的中国公民。

2. 学科能力的魅力

每个学科都承载着培养学生相应学科能力的任务。思想政治学科对学生行为表现的考查基于思想政治学科性质和育人价值，设定多种复杂情景的典型情境，给学生安排不同的学科任务，最后依据学生完成学科任务过程中的表现来评价。综合评价学生的理论思维能力、政治认同度、价值判断力、法治素养和社会参与能力等。学科任务有描述与分类、解释与论证、预测与选择、辨析与评价等。下面以两道高考题为例予以说明。

例 1（2018 年北京高考试题 33）“群众家门口的事群众说了算”，北京某街道办事处开发了一款手机小程序，居民有什么意见建议，都可以在上面畅所欲言（参见图 1－1），相关部门可以通过大数据对居民意见进行实时查看和归类，为街道规划设计和管理提供依据。该街道办事处的做法

A. 激发社区活力，保障居民决策权有效行使

B. 创新社区参与途径，利于满足群众的诉求

C. 提供了交流平台，保证居民有效行使质询权

D. 扩大了公民权利，利于意见表达和集中民智

参考答案：B

图 1－1　路见微信小程序

分析：该题依托“互联网＋”的时代背景，设置了“北京某街道

办事处开发手机小程序让公民参与社区治理"这样一个学生身边的生活案例作为探究情境，考查学生对公民权利、人大代表的权利、国家决策机构的权力等知识的理解与辨析。决策权是国家机构的权力，故排除A项；质询权是人大代表的权利，故排除C项；本题干是公民权利的实现途径问题，与扩大公民的权利无关，故排除D项。所以，通过这道高考题可以看出，思想政治学科通过创设学生身边的生活情境，引导学生运用所学学科知识，完成描述与分类、解释与论证、预测与选择、辨析与评价等学科任务。这说明，思想政治课对学生学科能力的要求，不是仅仅停留在描述层面，还培养学生理论联系实际和解释论证的学科理论思维能力，要求学生能结合具体的生活情境进行准确的区分学科知识的分类判断选择能力，通过此题的考查培养学生的价值判断能力和社会参与能力等。培养学生这样的学科能力，才能让学生的发展和时代的发展同步，才会使学科知识成为真正服务于学生生活的源头活水。

例2（2013年北京试题38）实现"三条红线"的控制目标需要从多方面采取措施。运用《经济生活》的相关知识完成表1-5。

表1-5　试题呈现表

措　施	影响途径	控制红线
实施生活用水阶梯定价	提高超量用水价格，促进节约用水，减少水的浪费	①
优先安排企业购买节水设备的贷款，并给予优惠利率	②	用水效率控制红线
③	增加企业排污成本，促使企业设法减少污水排放	水功能区限制纳污红线

分析：这道题特别注重考查学生思维的过程性。学生对这道题的分析需要从为什么优先安排贷款，给予优惠利率，就可以控制用水效率三个角度考虑。具体来说，第一步需要考虑，优先安排什么贷款？给予什

么优惠？材料已经说明是对企业购买的节水设备给予利率上的优惠。第二步需要考虑，面对这样的优惠，企业会不会买？为什么？回答这个问题，需要学生联系到非常具体的知识点，即企业的成本。优惠利率降低企业购买节水设备的融资成本，企业就会购买。第三步需要考虑，企业购买节水设备、使用节水设备会产生什么样的结果呢？结果就是提高用水效率。

参考答案如下：

① 水资源开发利用控制红线。

② 降低企业购买节水设备的融资成本，以鼓励企业购买节水设备，提高水资源的利用率。

③ 对企业排污征收排污税或对违反排污规定的企业进行罚款。

通过以上分析可以看出，这道题既要求学生对基础知识的落实要到位、准确，同时又对学生的思维能力提出了很高的要求。学生的思考方式一般是直线型的，认为企业买了节水设备，自然就节水了。从一个思维点到另一个思维点，没有思维的过程，这是学生思维的短板。而这道题恰恰抓住了学生的短板，让学生分析从一个思维点到另一个思维点的过程是怎样的，结果导致很多学生面对这个问题不知如何组织答案。实际上，这道例题反映了高考中政治科目的常态，因为北京高考政治科目非常注重对学生思维能力的考查。实际上，这也体现了政治学科对学生的能力要求，即关注学生思维能力的培养和训练，这也是高中思想政治学科的学科特色。

教师对学生思维能力的训练和培养，应该说是渗透到思想政治课教学的方方面面。对一节课的教学流程和教学环节的设计要体现逻辑性，环环紧扣。如我在《创新中国》一课的教学中，设计了“创新，处处在：感受创新”—“创新，有意义：感悟创新”—“创新，有束缚：驱动创新”—“创新，我参与：参与创新”四个环节。从学生的认知层面来说，从感受日新月异的变化到感悟创新对国家和个人的意义，从感悟意义到面对创新中遇到的问题，思考怎么办和怎样做，由浅入深，由感性到理性，由思考问题到解决问题，不断把学生的思维引向深入、引向深刻。同样，一个知识点的设计和呈现，教师也会按照逻辑顺序呈现，要求学生按照由浅入深的逻辑层次记忆知识，形成知识链条。如人民代表大会制度是选修三和必修二的重点知识，但这一知识点本身比较复杂，内容琐碎，学生掌握起来有一定的困难。为了便于学生掌握和理解，教师把这一知识点按是什么、为什么、如何做三个逻辑顺序进行了归纳整理，见图1－2。一方面便于学生掌握；另一方面也是对学生进行思维能力训练的途径之一，让学生知道思想政治学科本身有很强的逻辑性，同时对学习者本身的逻辑性要求也很高。

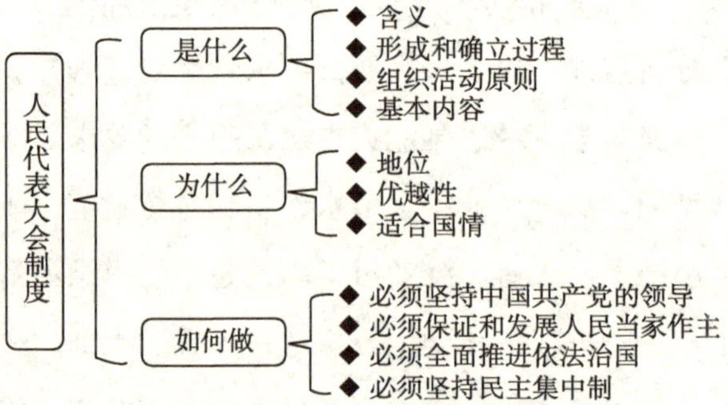

图1－2　人民代表大会制度知识结构图

教师在分析一个重点问题时，经常会提出问题引导学生探究，这些问题的提出和呈现彼此之间也有层次递进的逻辑性。这样做，一方面是为了尊重学生思考问题本身的认知顺序和层次；另一方面也是对学生思考问题的逻辑性的培养和训练。如教师在分析必修二《政治生活》第六课，引导学生分析探究“依法治国和坚持党的领导”的关系时，呈现了以下材料和问题。

材料呈现

1954年9月20日，第一届全国人民代表大会第一次会议通过了《中华人民共和国宪法》。我国现行宪法是1982年12月4日第五届全国人民代表大会第五次会议通过的。中国共产党根据国家政治、经济、文化和社会的发展，五次向全国人大提出修宪建议。1988年、1993年、1999年、2004年、2018年，全国人大分别对我国现行宪法个别条款和部分内容做出了必要的修正，使宪法在保持稳定性和权威性的基础上紧跟时代步伐，不断与时俱进。

提出问题

1. 我国五次修宪的过程体现了哪些政治生活的道理？

2. 为什么宪法要不断修改，紧跟时代步伐，不断与时俱进？

3. 请你为在宪法的修改和完善中更好地体现民意提出合理化建议。

这三个问题，第一个问题要求学生从现象中归纳概括知识，考查学生的阅读材料，提取有效信息的能力和归纳概括能力，应该说对高中学生来说是简单的问题；第二个问题要求学生对问题本身进行分析，考查学生的演绎能力、深层次分析问题的能力；第三个问题要求学生提建议，考查学生理论联系实际的能力，结合对复杂事物的把握，提升分析和综合的能力。可以说三个问题的设计和呈现层层递进，由低到高，很好地锻炼了学生的思维能力，培养了学生的思维品质。

可见思想政治课非常重视培养学生思维的层次性和深刻性；培养学生的辩证思维能力和思辨性。这是理性思维的体现，也是思想政治学科的特色之一，学生在高中阶段能选系，还能选择政治学科，其一生都将受益无穷，这也是政治学科本身的魅力所在。

3. 学科核心素养的魅力

所谓核心素养，是指“个体在面对复杂的、不确定的现实生活情境时，能够综合运用特定学习方式所孕育出来的（跨）学科观念、思维模式和探究技能，结构化的（跨）学科知识和技能，以及世界观、人生观和价值观在内的动力系统，在分析情境、提出问题、解决问题、交流结果过程中表现出来的综合性品质”。学科核心素养是指在经历了“特定学习方式”后形成的“学科观念、思维模式和探究技能，结构化的（跨）学科知识和技能”。

思想政治学科核心素养，是学生通过对高中思想政治课的学习，获得的具有学科特点的学业成就；是思想政治课程育人价值的集中体现，包括政治认同、科学精神、法治意识和公共参与等要素。

表 1－6　政治学科核心素养阐释表

政治认同	拥护中国共产党的领导，坚持和发展中国特色社会主义，认同中华人民共和国、中华民族、中华文化，弘扬和践行社会主义核心价值观。侧重培养有信仰的公民
科学精神	在认识世界和改造世界的过程中表现出来的一种精神取向，即坚持马克思主义的科学世界观和方法论，能够对个人成长、社会进步、国家发展和人类文明做出正确的价值判断和行为选择。侧重培养有思想的公民
法治意识	尊法学法守法用法，自觉参加社会主义法治国家建设。增强青少年法治意识，做社会主义法治的忠实崇尚者、自觉遵守者、坚定捍卫者。侧重培养有尊严的公民
公共参与	有序参与公共事务、承担社会责任，积极行使人民当家作主的政治权利。增强公德意识和参与能力，追求更高的道德境界。侧重培养有担当的中国公民

思想政治学科核心素养要素之间是相互联系的有机整体，在内容上相互交融，在逻辑上相互依存。其中“政治认同”关乎学生的成长方向和理想信念的确立，也是“科学精神”“法治意识”和“公共参与”

有中国特色的共同标识。“科学精神”既显示学生认识社会、参与社会的能力和态度，也显示人自身自由发展的文明程度，体现中国特色哲学社会科学的有关原理和方法，是达成“政治认同”，形成“法治意识”，实现“公共参与”的基本条件。“法治意识”体现当代中国公民依法行使权利、履行义务的必备品质，是“公共参与”的必要前提，也是“政治认同”和“科学精神”的必然要求。“公共参与”体现人民当家作主的责任担当，是“政治认同”“科学精神”和“法治意识”的行为表现。

每个思想政治学科核心素养要素都有自身独特的价值，有明确的育人指向，可依次归结为有信仰、有思想、有尊严、有担当。所谓有信仰，是以科学理论支撑的信仰，即基于政治认同的理想信念；所谓有思想，是源于科学理论的思想，即科学精神的集中表现；所谓有尊严，是凝结自由、平等、公正价值取向的尊严，唯有法治意识才能使人切实感受到这样的尊严；所谓有担当，实质上是行使人民当家作主的权利和义务，唯有公共参与才能真正体现这种责任担当。

当今世界，综合国力竞争日趋激烈，新一轮科技革命和产业变革正在孕育兴起，变革突破的能量正在不断积累。综合国力竞争说到底是人才竞争。人才资源作为经济社会发展第一资源的特征和作用更加明显，人才竞争已经成为综合国力竞争的核心。谁能培养和吸引更多优秀人才，谁就能在竞争中占据优势。为了人才竞争，国家提出加强社会主义核心价值观建设，实质就是加强人的思想建设、灵魂建设，即培养什么样的人、为谁培养人的问题。

思想政治学科的核心素养是学科立德树人的根本任务的具体体现，这说明思想政治学科不仅要培养有学科知识和学科能力的接班人，更要培养装着“中国芯”的有信仰、有尊严、有担当、有思想的时代新人。

（三）思想政治课的生命力从哪里来

思想政治学科的特点和性质要求其必须与时俱进、历久弥新。如何才能常新，给学生以新鲜感？或者说思想政治学科的生命力从哪里来呢？那就是要与时代同步，贴近学生的生活，符合学生的认知特点和规律。

1. 凸显时代特点

从核心价值看：思想政治课是以立德树人为根本任务，是帮助学生确立思想政治方向、增强社会理解和参与能力、提高法律与道德修养的公民教育课。从培养目标看：思想政治课是培养学生政治认同、科学精神、法治意识、公共参与的核心素养，基本形成正确的世界观、人生观、价值观，为其终身发展奠定思想政治素养基础的课程。从基本内容看：思想政治课是一门提高认识、参与当代社会生活能力的课程。课程本身具有独特的德育功能。因此，思想政治课基本观点是教育与把握时代特征相统一；时代是孕育政治课的母体和沃土，离开了一定时代的社会实践，思想政治课就没有了活力。只有脚踏现实的土地，政治理论才有生命力；只有跟上时代的节拍，政治理论才有说服力。因此，贴近时代，对思想政治课教学来说具有特殊的意义。离开了时代或与时代脱节，思想政治课就是无源之水，无本之木。

坚持马克思主义基本观点，教育与把握时代特征相统一，就是要体现马克思主义与时俱进的理论品质。力求紧密联系我国社会主义现代化建设实际，采用马克思主义的新思想、新观点、新论断。这就要求思想政治课要体现时代要求，要贴近时代，体现时代精神，反映时代诉求，把握时代潮流，解决时代任务。如基于文化竞争力在综合国力中的地位越来越重要，增设了《文化生活》模块的内容。面对经济、科技的迅猛发展和社会生活的深刻变化，面对新时代社会主要矛盾的转化，面对新时代对提高全体国民素质和人才培养质量的新要求，依据党的十九大报告的内容和宪法进行修改，增加了“习近平新时代中国特色社会主义理论”的内容；目前，我国社会主义经济发展进入新时代，我国社会的主要矛盾已经由人民日益增长的物质文化需求同落后生产力的矛盾转变为人民日益增长的对美好生活的需求与发展的不平衡不充分之间的矛盾。基于这样的变化，《经济生活》第十课的内容和课题由原来的科学发展观、全面建设小康社会改为“新发展理念和中国特色社会主义新时代的经济建设”等。因此思想政治学科的教材必须反映时代的需求，体现时代的变化。根据经济社会发展的新变化、科学技术进步的新成果，及时更新教学内容和话语体系，反映新时代中国特色社会主义理论和建设新成就，才能反映先进的教育思想和理念，关注信息化环境下的教学改革，关注学生个性化、多样化的学习和发展需求，促进人才培养模式的转变，着力发展学生的核心素养。

除了思想政治学科的理论观点必须与时代的发展同步，凸显时代特色之外，思想政治学科教材中的选择事例、阅读材料也要与时俱进。如必修二《政治生活》模块在“共产党员的先锋模范作用”这一知识点中，增加了2017年“全国优秀共产党员”“时代楷模”“感动中国2017年度人物”黄大年同志的事迹。黄大年同志是著名地球物理学家，生前担任吉林大学地球探测科学与技术学院教授、博士生导师。2009年黄大年同志毅然放弃国外优越条件回到祖国，刻苦钻研、勇于创新，取得了一系列重大科技成果，填补了多项国内技术空白，2017年1月8日不幸因病去世，年仅58岁。中共中央总书记、国家主席、中央军委主席习近平对黄大年同志先进事迹做出重要指示，指出黄大年同志秉持科技报国理想，把为祖国富强、民族振兴、人民幸福贡献力量作为毕生追求，为我国教育科研事业做出了突出贡献，他的先进事迹感人肺腑。习近平强调，我们要以黄大年同志为榜样，学习他心有大我、至诚报国的爱国情怀，学习他教书育人、敢为人先的敬业精神，学习他淡泊名利、甘于奉献的高尚情操，把爱国之情、报国之志融入祖国改革发展的伟大事业之中，融入人民创造历史的伟大奋斗之中，从自己做起，从本职岗位做起，为实现“两个一百年”奋斗目标，实现中华民族伟大复兴的中国梦贡献智慧和力量。从黄大年同志的事迹中，我们真实地感受到了“我们党除了工人阶级和最广大人民群众的利益，没有自己特殊的利益”。通过黄大年同志的事迹，学生们也会深刻体会到中国共产党人始终把人民的利益摆在至高无上的地位，中国共产党坚持人民主体地位，坚持立党为公、执政为民，践行全心全意为人民服务的根本宗旨，把党的群众路线贯彻到自己生活的方方面面。正因为黄大年同志是中国当代千千万万优秀党员中的典型代表，他用自己的行动诠释了当下优秀党员的先锋模范作用和党的执政理念，更能凸显时代的特点和特色，所以教材增加了黄大年同志的事例。

社会主义核心价值观是当代中国精神的集中体现，凝结着全体人民共同的价值追求，是实现中华民族伟大复兴的精神支撑。核心价值观建设，说到底是人的思想建设、灵魂建设，聚焦的是造就具有正确世界观、人生观、价值观的社会主义建设者。思想的建设、灵魂的建设需要借助载体才能落地生根。思想政治课因其课程性质和课程内容而成为社会主义核心价值观建设在学校教育中的重要载体，教师上课的情境的选择都要有鲜明的时代特色，立足于时代，体现时代发展的趋势和关注的焦点，这样的教材、这样的课堂才能有生命力。因为理论只有根源于实践，不断在实践中检验和发展，才能有生命力。正如朱熹所说：“为有源头活水来。”

教师在教学中要不断与时俱进，坚持固本和创新相结合。所谓“固本”是指以新课改为契机，进一步研究和把握学科本质，依据学生成长轨迹和认知规律设计教学，引导学生逐渐领悟政治学科的学习特点，形成学科学习能力，提升学科核心素养。所谓“创新”是指依据新高考和新课程的要求，探索以议题式教学为主的多样化教学模式。基于学生的真实生活体验和教材重点知识设计议题，以此引发学生的情感共鸣，激发学生参与课堂教学的热情。创设问题情境，层层递进地追问，启迪思考，叩击心灵。在追问探究交流中厘清学生在价值观认识上的偏颇，引领学生学会理性地辩证地认识社会，正确处理自己和他人、国家的关系，树立正确的家国情怀，培养学生的政治认同、科学精神、法治意识和公共参与的核心素养。

政治学科的课程性质决定了思想政治课首先应该是学生感兴趣的课，愿意参与的课，有话想说、有话能说的课……这样课堂才有可能完成思想政治课的育人任务。

1992 年，我教初一年级的思想政治课。那时候，很多学生认为读书不如做生意，对学习不重视，对政治课也不重视，甚至反感。为了使学生对课堂感兴趣，我让学生课上把教材内容编成小品表演；自己把事例制作成各种漫画卡片呈现给学生等。因为好玩、有趣，参与课堂教学的学生越来越多。亲其师才能信其道，学生对课堂教学感兴趣了，教师才能充分利用课堂教学的主阵地对学生进行价值观引导，培育中国特色社会主义事业的接班人。1996 年，我开始教高中的思想政治课，针对高中学生的特点，不断尝试更适合高中学生的教学方式，从案例探究、翻转课堂到议题式教学。一路走来，改变的是方式，不变的是学科知识的落实、学科能力的提升、学科核心素养的养成。

我只是千千万万思想政治课教师中的一员。思想政治学科本身的特殊性和重要性，对思想政治教师的个人素养和教学能力提出了更高的要求。我们都在努力，努力让自己的课堂教学适应时代、跟上时代、凸显时代，不论内容还是形式，我们永远记得，办好思想政治理论课最根本的是要全面贯彻党的教育方针，解决好培养什么人、怎样培养人、为谁培养人这个根本问题。办好思想政治理论课关键在于教师，在于发挥教师的积极性、主动性、创造性。推动思想政治理论课改革创新，要不断增强思想政治理论课的思想性、理论性和亲和力、针对性。

2. 源于真实生活

这里的真实生活是指学生的真实生活。高中思想政治学科的特点之一是贴近学生生活实际，追求学科逻辑和生活逻辑的统一。何谓“贴近学生的生活，符合学生的认知特点和规律”？即思想政治学科是建构以生活为基础，以学科知识为支撑的课程。

“贴近学生的生活，符合学生的认知特点和规律”主要表现在主张用富有意义的且贴近学生的思想、学习、生活实际来呈现问题，提供问题发生的情境和分析问题的思路，以帮助学生在解决问题的过程中活化知识；注重认知工具的给予，注重学生生活逻辑的主导，以促进学生知识、能力、态度及情感的和谐发展；体现基础性与选择性的统一，既坚持综合素质的培养，又提供基于兴趣、情趣、志趣进行自主选择的机会，促进每个学生主动地、生动活泼地发展。

基于“贴近学生的生活，符合学生的认知特点和规律”，《普通高中思想政治课程标准》人教版（2017 年版）指出，本课程针对高中学生思想活动和行为方式的多样性、可塑性，着力改进教学方式和学习方式。在课程实施中，要充分利用现代信息技术，拓展教育资源和教育空间；要通过议题的引入、引导和讨论，推动教师转变教学方式，使教学在师生互动、开放民主的氛围中进行；要通过问题情境的创设和社会实践活动的参与，促进学生转变学习方式，在合作学习和探究学习的过程中，培养创新精神，提高实践能力。

高中思想政治学科是如何体现“贴近学生的生活，符合学生的认知特点和规律”这一理念的呢？下面结合《经济生活》这本教材的内容安排为例予以分析和说明。

《经济生活》这本教材立足于学生真实的生活经验，把经济理论观点的阐述融入生动的社会生活场景之中，借助学生熟悉的、鲜活的、典型的生活事例与语言，帮助学生理解马克思主义经济理论的基本观点，树立正确的价值标准，把握正确的政治方向，以取得“润物细无声”的教育效果，让学生在一种轻松愉快的氛围中探究知识，获得教育。当然在强调贴近学生生活实际的同时，《经济生活》这本教材的构建也同样是以马克思主义经济学的学科知识为支撑的，基本做到了把生活主题与学科知识有机地融合在一起，学科知识走进了生活，生活主题获得了理性升华。

那么在各种各样的经济生活中，最贴近高中生的是什么呢？当然是消费，绝大部分高中生可能没有多少参加其他经济活动的经历，但任何人都不能脱离消费，因此“消费者”是中学生参与经济生活的最主要的身份。所以教材为了激发学生的学习兴趣，让中学生觉得经济理论不枯燥、不抽象，从“消费”这个中学生最熟悉的生活现象入手，将学生领入马克思主义经济学理论的殿堂。学生最熟悉的经济事物或者现象又是什么呢？当然是消费品。早上吃的早餐、喝的饮料；中午叫的外卖；放学后买的文具、书籍等，这些消费品在交换领域是商品，完成购买后就成了消费品。不仅有本地的商品还有外地的商品，不仅有本国的商品还有外国的商品，种类繁多，档次各异，只要你想买，总有一款适合你。如果要买东西，必然需要钱——货币，俗话说得好，没有钱是万万不能的。尽管现在支付的方式多种多样，我们可以选择微信支付、支付宝支付、银行卡支付、现金支付等，但是货币作为商品交换的媒介这一实质没有变化。学生在购买商品的过程中，又会受到自己的消费喜好、消费习惯和价格波动的影响，等等。基于学生的生活实际和生活逻辑，《经济生活》第一单元的学科逻辑就从商品货币开始，然后到价格和供求，最后介绍消费的相关知识。在第一单元学习的基础上，学生就会产生新的求知需求，即迫切需要了解我们消费的东西从哪里来。所以，教材第二单元就讲解了“生产、劳动与经营”的内容，引导学生思考生产在社会生活中所处的地位、所起的作用，认识到物质资料的生产是人类社会生存和发展的基础；了解我国当前的生产力发展水平，深刻领会这样一个基本道理：社会主义的根本任务是发展生产力，各项工作都要服从和服务于经济建设这个中心；理解从事生产活动的基本经济制度背景，坚定学生“坚持社会主义初级阶段基本路线不动摇”的信念。在此基础上，遵循学生的认知规律，引领学生进一步了解和学习从事生产的微观主体——企业和劳动者，了解企业的组织形式、企业成功经营发展的策略，了解劳动者的权利和义务，以及面对新的经济大环境，如何树立正确的就业观。在这一学科内容的学习过程中，学生可以正确认识和深层次理解我国现阶段重视发展实体经济、关注民营经济的原因所在；学生也能正确认识劳动，树立尊重劳动、向奋斗者致敬并勇于奋斗的责任担当品质和奉献意识，为培养未来的社会主义劳动者奠定基础。社会财富生产出来以后，接下来就应该思考财富如何分配。所以，第三单元“收入与分配”集中介绍有关我国收入分配制度方面的知识，引导学生认识我国社会主义初级阶段的个人收入分配制度，正确理解效率与公平的关系，了解我国为实现既关注效率又关注社会公平的政策和措施，正确认识我国现阶段的收入分配制度为社会主义和谐社会的构建提供了坚实的基础。在此基础上，学生就会明白国家通过收入分配，实现社会公平，不断提升人民的获得感、幸福感，为实现共同富裕而不懈努力，从而理解政府、相信政府，认同国家和政府的政策，树立道路自信、制度自信。经过前三个单元的学习，学生对经济的基本理论已经有了一定的认识和储备，在此基础上，教材继续引领学生探究，我们的商品从哪里购买，企业生产的东西要到什么地方销售，即市场。市场是资源配置的场所，那么资源为什么要配置，如何配置呢？引导学生思考为什么“两只手优于一只手”，探究在资源配置中市场和国家宏观调控的关系，了解我国市场经济体制发展的历史过程；探究国家为实现经济平稳运行所做的努力；我国市场经济发展所处的历史阶段、要完成的历史任务和发展理念；结合改革开放 40 年的成果，探索经济全球化的原因、表现等，感受我国积极参与经济全球化不仅让中国的经济获得了长足的发展，而且让世界经济受益，真正体会到“世界好，中国才能好；中国好，世界才更好”的道理；明确未来中国经济的发展绝不能离不开世界经济这个大舞台，更深刻的理解“中国对外开放的大门永远不会关上，只会越开越大”。不仅帮助学生进一步全面地认识和了解我国的宏观经济活动，而且有助于中学生更加清晰地把握社会主义市场经济的基本特征；更加深刻地认识和理解新时代中国特色社会主义理论，更加深入地理解我国坚持多边主义、坚持合作共赢发展的理念，树立学生的科学精神、公共参与的学科核心素养。

通过上述分析，我们可以看到《经济生活》的整体逻辑结构，从高中生最熟悉的经济生活现象——消费出发，由近及远、由表及里，层层推进，从微观到宏观，从个人、企业到国家，一步步引导学生从熟悉经济活动、了解经济现象、学会经济理论、理解经济政策，为将来成为理性经济人、具有正确的政治认同的中国特色社会主义的理性经济人奠定坚实的基础。

茅盾曾经说过：“书本上的知识而外，尚须从生活的人生中获得知识。”思想政治学科本身既教给学生理论知识，更侧重引导学生从生活中发现知识，结合生活理解知识，学会在生活中运用知识。这就是思想政治这门课程的特色所在，也是它的生命力和魅力所在。正如杜荀鹤的《小松》这首诗所言：“自小刺头深草里，而今渐觉出蓬蒿。时人不识凌云木，直待凌云始道高。”

那么，高中思想政治学科又是如何坚持和贯彻“贴近学生的生活，符合学生的认知特点和规律”这一理念的呢？从教材本身的特点看，强调课程实施的实践性和开放性。具体表现为：切实加强实践环节。不断拓展和更新课程资源，给学生呈现一个真实的世界，使他们具有走进社会、面对挑战、规划人生的真实本领。从教学方式看，从以“教”为中心转向以“学”为中心。比如，提出有意义的问题，促进学生在解决问题过程中成为学习活动的主体；提供机会，使学生能够对学习的内容和过程进行反思和调控。倡导研究性学习的方式。比如，设计真实的、具有挑战性的、开放的学习环境，引导和推动学生积极主动地探究，使他们感悟读书是学习、实践是更重要的学习。创建学习共同体。鼓励师生之间相互信赖，平等沟通；学生之间乐于分享、勇于参与、寻求共赢，使他们在学习中学会合作，在合作中实现发展。从学业考核方面看，要将过程性评价与终结性评价相结合，着重评估学生解决情境化问题的过程和结果。如依据学生的认知规律和特点，对基本的学科任务的检测界定类别为描述与分类、解释与论证、预测与选择、辨析与评价等，从浅入深、由易到难、由简单到复杂。而且对学生对具体情境的分析给出了不同的评价标准。下面以《普通高中课程标准》人教版（2017 年版）中对“政治认同”这一核心素养的考核标准为例来说明，见表 1－7。

表 1－7 “政治认同”核心素养考核标准等级（1－4）

素养 / 水平	素养：政治认同
水平 1	能够面对简单情境问题，引证走中国特色社会主义道路的成功事例；表述马克思列宁主义、毛泽东思想、邓小平理论、“三个代表”重要思想、科学发展观、习近平新时代中国特色社会主义思想是中国共产党的行动指南；叙述宪法对我国根本制度的规定；认同中国共产党是中国特色社会主义事业的领导核心，认同伟大祖国、中华民族、中华文化、中国共产党和中国特色社会主义；解释国家层面的价值目标
水平 2	能够面对一般情境问题，用中国近现代史证实只有社会主义才能救中国；明确马克思主义中国化的最新成果；分析具体事例表明中国特色社会主义制度的特点和优点；运用具体事例展现中国共产党依宪执政、依法执政的方式；结合奋斗历程，解释中国特色社会主义道路、理论、制度、文化的价值表达

续表

素养 / 水平	素养：政治认同
水平 3	能够面对复杂情境问题，比较世界各国发展道路，论证只有中国特色社会主义才能发展中国；结合改革开放的实践，阐述马克思主义中国化最新成果的时代特征；对照西方主要国家说明中国绝不能照搬其政治制度模式；着眼于中国共产党的先进性和纯洁性，阐述全面从严治党的意义；论述社会主义核心价值观体现文化自信的意义
水平 4	能够面对具有挑战性的复杂情境问题，回应各种封闭僵化或改旗易帜的主张，阐述走中国特色社会主义道路的坚定信念；辨析各种错误思潮的影响，阐述马克思主义中国化最新成果；跟进全面深化改革的进程，坚持中国特色社会主义制度不动摇；立足新时代、新征程，阐述中国共产党是最高政治领导力量；洞察不同价值观的影响，揭示其根源，阐明社会主义核心价值观是当代中国精神的集中体现，凝结着全体人民共同的价值追求

从考核标准中，我们可以看出，学生面对的情境从简单情境到一般情境、从复杂情境再到挑战性的复杂情境，由浅入深、由简单到复杂，就像自己的生活一样，有简单的、一般的，也有复杂多变的，这样的情境呈现是基于学生的真实生活，基于学生的真实生活体验；对学生要完成的学习任务也是从表述、叙述，到证实、分析、展现、解释；从比较、阐述、论述，再到辨析、阐明，对学生的逻辑能力的要求也是从表象到本质，从单一到辩证全面，从比较到判断、推理、选择，层层递进，符合学生的认知规律，引导学生把握辩证的方法，提高创新思维能力。

下面再以 2018 年北京高考文综试卷 39 题为例，看思想政治学科在学业考查中是如何尊重学生的认知规律的。

例 3：（2018 年北京文综试卷试题 39）

交换：各自把自己的给对方。

——《汉语大词典》

交换的历史由来已久，《诗经・卫风》中的“氓之蚩蚩，抱布贸丝”，记载了古老的物物交换。每个人有不同的技能和禀赋，每一块土地有各自的特色和资源，交换就从这种多样性而来，稻作地区的人们用粮食换取来自草原的马，东方的丝绸绢帛换取来自西方的钟表。在驼铃悠扬的古丝绸之路上伴随着货物交换的还有阿拉伯数字、青花瓷技艺和茶文化。“独学而无友，则孤陋而寡闻”，思维碰撞中“你有一个思想，我有一个思想，彼此交换后每个人都有两个思想”。

在全球化时代，交换愈加频繁便捷，红酒、纺织品、汽车、机械装备等数以万计的货物在各国海关进出，国际媒体间定期交换报道内容，国家首脑会晤交换对国际事务的意见……

实物、信息、知识和思想的交换碰撞每天都在发生，从哲学角度阐述交换给我们带来了什么？

这道高考题，把学生熟悉的生活情境——交换作为考查的背景，从交换的种类看，从交换商品到信息、知识思想的交换；从交换的地域看，从国内交换到国际交换；从交换的领域看，从经济交流到政治交流，展现了丰富多彩的多角度、多方位生活画面，而且这些画面都是学生熟悉的复杂的生活情境，但因为这些情境贴近学生的生活，所以学生是在愉悦的轻松的状态下完成阅读的，是在愉快的状态下接受学习任务的。我想这是基于学生真实生活进行情境设置的意义之一。

这道题的学习任务，要求运用哲学知识，阐述交换给我们带来了什么。学生首先要思考交换的是什么？是商品、信息、思想。为什么要交换？原因之一在于资源有限而需求无限，通过交换，让交换双方彼此之间联系起来，交换带来的是生活的变化、资源的丰富和有效利用、国家关系的良性循环；而且交换本身也是做事情、是实践行为，通过这样的实践行为也会带来认识的变化、认识的检测、发展和深化。因此，对学习任务本身的分析要求学生从交换现象的认识到交换本质的把握，从交换带来的变化本身思考交换的目的和意义。由感性认识到理想认识、由现象到本质，尊重学生的认知规律。学生完成学习任务的层次不同，获得的分数也会不同。这也体现了基于学生的个性特点，给予学生更多的选择性。

参考答案：

① 矛盾各有其特殊性，交换使每个人、每个地区更好地发挥自身独特优势成为可能；②联系的普遍性，交换打破了各地区的隔绝状态，促进了分工、合作，使全球成为普遍联系的整体；③个人的认识是有限的，知识和思想的交流促进不同观点的交流、碰撞，取长补短，推动认识的上升、发展、创新；④实物的变换，推动全球范围内资源的流动和优化配置，满足不同地区人们的需求，带动全球经济的发展，实现系统优化。

同时，针对学生完成学习任务的差异性，赋分标准也分为不同的层次和等级，见表1－8。

表1－8　答案赋分等级

等级水平	等级描述
水平4	观点鲜明，能明确表达自己的见解；紧扣问题，全面展开论述，或就某点深入分析；知识运用准确、贴切；逻辑严密，条理清晰
水平3	观点比较明确，能表达自己的见解；能扣住问题，或就某点分析；知识运用比较准确、贴切；逻辑较强，有条理
水平2	观点不明确；论述不能集中指向问题，罗列知识；知识运用不正确；论述缺乏逻辑，条理性差
水平1	应答与试题无关；或重复试题内容；或没有应答

针对学生完成任务的差异性，制定不同的赋分标准，可以提高评价的科学性、公正性和可操作性，同时，也能最大限度地体现“以人为本”的核心思想。

3. 坚持全方位育人

培养什么样的人、如何培养人以及为谁培养人是教育的根本问题。

高中思想政治学科要坚持把立德树人作为中心环节，使思想政治工作贯穿教育教学全过程，实现全程育人、全方位育人。

那么，何谓全程育人和全方位育人呢？以下是笔者狭义的理解。全程育人，是指思想政治学科作为一门学科课程，从初中到高中，从课上到课下，要坚持立德树人这一根本目标贯穿始终。全程育人侧重于纵向角度。全方位育人，是指要把立德树人这一根本覆盖到思想政治学科的各个方面，侧重于横向角度。它包括课堂教学中从教学案例的选择、情境的呈现到问题的提出，从教学设计到考查；从课上教学到课后答疑，要把教书和育人结合起来，把教学和教育结合起来，把知识性传授和思想性引领结合起来，把有心引导和无痕点拨结合起来，营造出像空气一样无所不在、无时不有的育人氛围。同时还要注意，全程育人和全方位育人是内在联系的整体。既要全程育人又要全方位育人，育成“全人”，即德智体美全面发展的社会主义建设者和接班人，即学科知识、学科能力、学科核心素养的全范围协调发展，真正完成立德树人的根本任务。

那么，高中思想政治学科为什么要坚持全方位育人呢？

党的十九大明确提出：“要全面贯彻党的教育方针，落实立德树人根本任务，发展素质教育，推进教育公平，培养德智体美全面发展的社会主义建设者和接班人。”基础教育课程承载着党的教育方针和教育思想，规定了教育目标和教育内容，是国家意志在教育领域的直接体现，在立德树人中发挥着关键作用。

这也是由思想政治学科课程本身的特点决定的。《普通高中思想政治课程标准》人教版（2017 年版）指出，高中思想政治以立德树人为根本任务，以培育社会主义核心价值观为根本目的，是帮助学生确立正确的政治方向、提高思想政治学科核心素养、增强社会理解力和参与能力的综合性、活动型学科课程。培育政治认同、科学精神、法治意识和公共参与等核心素养，逐步树立共产主义远大理想和中国特色社会主义共同理想，坚定中国特色社会主义道路自信、理论自信、制度自信、文化自信，基本形成正确的世界观、人生观、价值观。可见高中思想政治课程具有学科内容的综合性、学校德育工作的引领性和课程实施的实践性等特征，它与初中道德与法治、高校思想政治理论等课程相互衔接，与时事政治教育相互补充，与高中其他学科教学和相关德育工作相互配合，共同承担思想政治教育立德树人的任务。因此，坚持全方位、全程育人，是思想政治科学的学科性质使然，学科责任使然，学科使命使然。

这也是当今时代国内和国际发展趋势的需要。教师要通过思想政治课教育引导学生正确认识世界和中国发展大势，从我们党探索中国特色社会主义历史发展和伟大实践中，认识和把握人类社会发展的历史必然性，认识和把握中国特色社会主义的历史必然性，不断树立为共产主义远大理想和中国特色社会主义共同理想而奋斗的信念和信心；全面客观地认识当代中国、看待外部世界；正确认识时代责任和历史使命，用中国梦激扬青春梦，为学生点亮理想的灯、照亮前行的路，激励学生自觉把个人的理想追求融入国家和民族的事业中，勇做走在时代前列的奋进者、开拓者；正确认识远大抱负和脚踏实地，珍惜韶华、脚踏实地，把远大抱负落实到实际行动中，让勤奋学习成为青春飞扬的动力，让增长本领成为青春搏击的能量。

当今世界，综合国力竞争日趋激烈，综合国力竞争说到底是人才竞争。谁能培养和吸引更多优秀人才，谁就能在竞争中占据优势。优秀的人才不仅有较强的专业能力、创新意识，关键在于人才是谁的人才、是为谁服务的人才。我们需要的是像黄大年同志那样，“苟利国家生死以，岂因祸福避趋之！”为了中华民族的复兴和国家利益而奋斗的科学家。

为此，思想政治学科的教师作为人类灵魂的工程师，承担着神圣使命。传道者首先自己要明道、信道。要坚持学习，学习党的最新理论和政策，学习学科前沿理论。《礼记》中记载：“师者也，教之以事而喻诸德也。”我国教育家、思想家陶行知先生曾说过“千教万教，教人求真”。作为提升思想政治课质量的关键环节——教师，一定要站稳讲台，努力成为中国共产党执政的坚定支持者、先进思想文化的传播者，更好地承担起学生健康成长的指导者和引路人的责任。坚持教书和育人相统一，坚持言传和身教相统一，坚持潜心问道和关注社会相统一，做到以德立身、以德立学、以德施教。

在思想政治学科的教学中，要立足学生的成长成才需求，坚持落实学科知识和价值观引导结合起来，同时也可以通过活动型的社会实践课程，如主题教育、社会实践、志愿服务、校园文化节、文化考察活动，等等，将学科理论、学科能力和学科核心结合起来，将三者辩证统一、有机结合；也可以借助“互联网+”技术条件，通过微博、微信、校园网等新媒体平台，引导学生形成正确的价值观，全方位育人，避免育人工作的“盲区”。

人的成长是全方位的成长，不仅有健康的身体，还要有健康的心理，向上的品格；不仅有自立的能力，还要有兼济天下的担当。高中思想政治课教学不仅教会学生经济理论，让学生在商品经济的大潮中学会游泳，成为理性的经济人；还引导学生正确认识公民和国家的关系，正确处理家国关系，成为有正确政治认同的合格公民；同时，思想政治学科还教会学生正确的思考问题的方式，形成科学的思维能力，学会辩证地思考问题和解决问题；思想政治学科还不断提升学生的文化素养，提升生活品质，做有文化的时代新人。试想想，在中学的所有学科中，能既教学生知识，又教学生做人；既引导学生做健康的正常人，又引领学生做具有高尚品德的社会人；既让学生过好自己的生活，又教会学生担当对他人、社会、国家的责任的学科可能就只有思想政治学科了。这样的学科，其生命力是无穷的。正所谓“落红不是无情物，化作春泥更护花。”

二

高中思想政治课课堂教学的探索与实践

毕业的同学聚到一起，聊课堂的趣事往往最能激发大家的兴趣点。课堂是充满活力的，因为它的主体是朝气蓬勃、个性多样的学生；课堂是充满欢乐的，因为它可以让不同的学生获得知识，收获成长；课堂是充满挑战的，因为它总能吸引学生去探索未知的世界。

作为一线教师，课堂是自己的主场，应该努力让自己的主场充满活力、乐趣、吸引力，让课堂成为师生之间、生生之间交流思想、启迪智慧的平台，成为师生共同成长的舞台。为此，我一直探索高中思想政治课课堂教学如何才能把学科特点和学生的认知规律、真实生活相结合，让自己的主场既有气场，又能成为学生展示自我的舞台。

那么，好的课堂教学需要具备哪些要素呢？实际上备好一节课，设计一堂课，就如同构思一篇文章。需要考虑写作的主题、目的和意义，如何设计情节，依托时代或社会背景，怎样开头，怎样结尾，通篇如何布局等。只有这些要素发挥好各自的作用，才能使整篇文章引人入胜。如果只有好的主题，但故事情节不吸引人，不打动人，也不是好的文章。同理，设计一节课，需要有明确的教学目标，需要考虑如何贴近学生的生活实际，发挥学生的主体作用，考虑设置具体的教学情境，采用适当的教学方式、选用恰当的评价方式等。这些要素也需要环环紧扣，步步精彩，才能吸引学生，走进学生，启发学生，让学生有所收获。因此，本章节的高中思想政治课教学探索，笔者将从教学目标、教学主体、教学方式和教学评价等角度，将自己的一些思考和实践成果展示给读者。

当然，运动是绝对的，静止是相对的。作为一名教师，尤其是思想政治学科的教师，常常需要在变化中把握教学。因为时代在变，政策在变，学生在变，乃至有时教材也在变。所以，教学要做到“教无定法”。但是，思想政治学科的学科本质是不变的，教学宗旨和教学原则也是不变的，教学又要做到“教有定法”。因此，在教学上要坚持固本和创新相结合。

（一）课堂教学目标之探

不论是行走天涯还是人生奋斗，最害怕的一件事就是没有目标。旅行如果没有目标，只能瞎走，无功折返或者原地打转，永远到不了目的地。人生如果没有明确的目标，每天都会浑浑噩噩，虚度光阴。同样，课堂教学中如果没有明确清晰的教学目标，这节课的教学一定是没有“魂”的。因为，教学目标可以指明教学方向，主导教学过程，提示教学方法，影响甚至决定教学结果。因为，只有想清楚了“教什么”，才会有“如何教”的设计。教学目标是课堂的“指挥棒”，是所有教学行为的“指路灯”。

1. 确定明确的教学目标

教学目标是指通过课堂教学将使学生学会什么知识，养成或提升什么能力，形成怎样的素养的明确表述，是指在教学活动中所期待得到的学生在学科知识、学科能力和学科素养角度收获的成果。课堂教学目标设计是指授课教师根据课程标准等要求，根据学生的实际情况，结合自己对本学科知识的理解和把握，对自己这节课在学科教学和学生成长方面提出的目标和要完成的教学任务。

表 2－1 是人教版教材必修四《生活与哲学》第八课第二框题《用发展的观点看问题》一课的课堂教学目标。

表 2－1　课堂教学目标设计表

分类		设计内容
知识目标	识记	① 知道并能描述事物发展的方向、发展的道路、发展的形式 ② 通过中华人民共和国成立 70 年的变化历程的具体情景，概括、掌握新事物的含义 ③ 通过荀子《劝学篇》的具体情景，概括、掌握量变和质变的含义
	理解	① 通过中华人民共和国成立 70 年的变化历程的具体情景，学生理解为什么事物发展的前途是光明的，道路是曲折的 ② 通过我国航天事业发展历程的具体情景，学生理解量变和质变的辩证关系原理
	运用	① 学生能运用前途是光明的、道路是曲折的这一观点，分析个人成长、国家建设及社会现象 ② 学生能运用量变和质变的辩证关系原理分析学习和实践中的问题
能力目标		① 通过具体材料的阅读和问题探究，形成阅读并获取、分析有效信息的能力；提高概括、提炼观点的能力 ② 通过“模拟演练”环节的情境探究，逐步形成运用观点解决实际问题的技巧和方法 ③ 通过“解疑释惑”“辩一辩”情境探究，提高辨别能力 ④ 通过“想一想”“议一议”等合作学习，提高正确处理竞争与合作关系的能力

续表

分类	设计内容
学科核心素养	① 通过“中华人民共和国成立 70 年变化历程”和“中国航天事业的发展”的情境探究，坚持中国特色社会主义的道路自信、理论自信、制度自信、文化自信；坚信中国特色社会主义是国家富强、民族振兴、人民幸福的根本保障；自觉践行爱国、奉献等社会主义核心价值观的政治认同素养 ② 通过明确任何事物的变化都是从量变开始的，量变是质变的前提和必要准备，形成“从我做起，从现在做起，从一点一滴的小事做起”的价值认同和行为选择的科学精神素养 ③ 通过感受科学发展以人为本的理念，形成对科学发展、可持续发展的价值认同感，懂得权利与义务的关系，形成让社会更和谐、生活更美好的法治意识和公共参与素养

这一课堂教学目标的设计有这样的优点：

（1）关注学生，以学生为中心，关注学生的收获和成长。这堂课的目标设计紧紧围绕学生，从学生要得到的学科知识、学科能力和学科素养三个层面做了明确的规定。有这样的教学目标做“向导”，教师的教课就有的放矢，重点突出。选择什么事例，提问什么问题，设置什么情景，问题分析到什么程度，都会有准确的尺度。这样的课堂教学，一定会非常丰富饱满。因为教师的指向性明确，学生对这节课学会了什么知识，明确了哪些价值认同也会有清晰的认识。这样的目标引领的课堂教学才是真正以学生为本的课堂。

我曾经到美国的中学参观，对他们每个教室黑板上标注出来的课堂学习任务非常感兴趣，一直以为美国是素质教育，对知识目标很淡化。实际上，他们的课堂对知识、能力的要求是直接而明确的。这也说明，学科知识是提升学科能力、培养学生核心素养的基础，离开了学科知识，学科能力、学科素养的培养就会成为无源之水、无本之木。（见图 2－1，图 2－2）

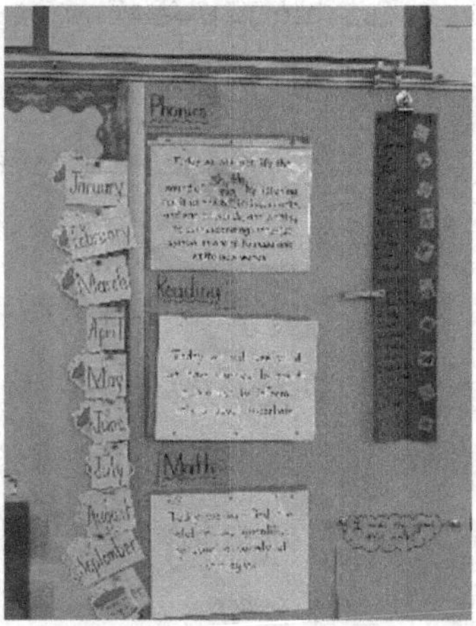

图 2－1　美国某校教室内呈现课堂学习任务

（2）教学目标的设计具体、明确，可操作性强。从知识角度看，明确了哪些知识是需要学生知道的，哪些知识是学生必须理解的，哪些知识是学生必须会运用的；从能力层面看，不仅规定了通过课堂学习，要培养学生什么能力，还规定了培养学生能力的具体路径。以这样的教学目标为引领的课堂教学，一定是高效的。

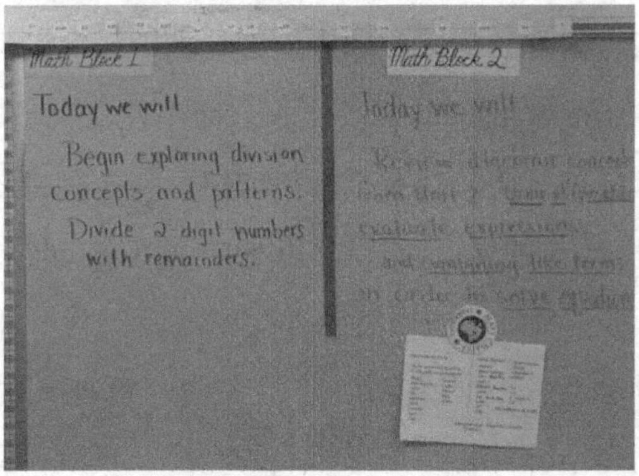

图 2－2　美国某校教室内展示的当天学习任务

（3）教学目标的设计是集知识、能力、素养于一体的且综合全面的。高中思想政治课程具有学科内容的综合性、学校德育工作的引领性和课程实施的实践性等特征。正因为思想政治学科的这一特性，要完成学科学习任务和育人任务，思想政治课的教学目标设计更要关注学科知识、学科能力和学科素养的三维一体。只有以这样的教学目标为引领的课堂教学，才能完成上级赋予思想政治学科的学科任务和期望。

教师在制定教学目标时，通常更多地参考教参，而很少考虑课标；更多地关注本课的教学目标，而很少考虑本课与其他课之间的内在联系；更多地关注自我理解或经验，未能充分考虑学生的实际状况和认知水平。这些都会影响课堂教学目标的准确定位。那么，如何才能制定准确的教学目标引领教师的课堂教学呢？

2. 制定明确的教学目标的依据

以课程目标中对行为主体的要求为依据。国家课程标准是课程改革的纲领性文件，它具有法定性、核心性、指导性的地位和作用，也是新课程实施过程中教师教和学生学的直接依据。可以说，教师对课程标准的领悟程度如何，将直接决定新课程课堂教学的质量和学生学的效果。如果说“课程是教育的心脏”，那么“课程标准就是课程的核心”。而教学目标作为课程标准的具体化体现，不管教学如何设计，都必须紧紧围绕着课程标准所规定的基本素质要求，而不能脱离这个中心。因此，制定课时教学目标首先要以课程标准为依据。高中思想政治课的课程性质是进行马克思列宁主义、毛泽东思想、邓小平理论、“三个代表”“科学发展观”和“习近平中国特色社会主义新时代”重要思想的基本观点教育，以社会主义物质文明、政治文明、精神文明建设为基本内容，引导学生紧密结合与自己息息相关的经济、政治、文化生活，经历探究学习和社会实践过程，领悟辩证唯物主义和历史唯物主义的基本观点和方法，切实提高参与现代社会生活的能力，逐步树立建设中国特色社会主义的共同理想，初步形成正确的世界观、人生观、价值观，为学生的终身发展奠定思想政治素质基础。可见，高中思想政治课承担着培养和提高学生思想政治素质的重任，以学生的终身发展为本。所以，教师在设计教学目标时一定要突出学生的主体作用，以行为主体——学生的终身发展为依据设计教学目标。

以行为主体的学习需求和认知能力的依据。新课程改革倡导的课堂教学是以学生为主体的课堂教学，即课堂教学是学生学习知识、掌握能力的主阵地。教和学的过程就在于教师借助教学素材、教学工具等教会学生知识，培养学生能力，引导学生树立正确的情感态度价值观，而这一过程又不能简单地直接灌输。课堂教学的有效性特征核心的一点是，看学生是否愿意学、主动学以及怎么学、会不会学。因此，教师制定教学目标一定要充分考虑学生的实际情况，以学生的认知规律和实际能力、水平为依据。这样的教学目标才是切实的、有效的、可行的。如果我们只从教师的教学、教材本身来制定教学目标，那么，课堂只能成为教师展示自我的舞台，学生则成为听众或看客，成为被动接受的"容器"，那就违背了以学生为主体的教学理念。思想政治学科教材的特点之一就是贴近学生，就是要从学生的兴趣、能力和需求出发，结合学生的生活经验，遵循学生的生理、心理及认知发展规律来编写教材，这是我们在设计目标，选择知识、原理和素材时，牢牢把握和坚决遵循的原则。

以学生为主体设计教学目标，应主要从三个方面入手：一是要充分考虑学生在知识技能方面的准备情况和思维特点，掌握学生的认知水平，以便确定目标；二是要充分考虑学生在情感态度方面的适应性，了解学生的生活经验，真正站在学生的角度，从促进学生全面发展的需求出发，去审视制定教学目标；三是要充分考虑学生的学习差异、个性特点和达标差距，以便按照课程标准确定教学目标的要求及出发点，为不同状态和水平的学生提供最佳的适合他们发展的教学条件。

3. 明确的教学目标设计的原则

设计明确的教学目标要遵循以下三个原则。

（1）坚持主体性原则——心中有学生。建构主义理论认为，人的认识本质是主体的建构过程，只有以学生为中心充分发挥其主体作用，才能使学生主动建构知识。在课堂教学中，教师要充分发挥学生的主体作用，把学习的主动权交给学生，让学生主动学习，教师的职责就是引导学生主动学习、探究学习、合作学习，帮助学生在学习活动中体验成功的快乐。所以，教师在设计教学目标时，心中一定要有学生。

（2）坚持差异化和针对性原则——关注不同层次的学生的不同需求。教学目标设计要想真正做到以学生为主体，就要充分考虑学生的学习差异、个性特点和达标差距。真正站在学生的角度，从促进学生全面发展的需求出发来设计教学目标，为不同状态和不同水平的学生提供适合他们最佳发展的教学条件。为此，教师可以主动与学生沟通交流，以使教学目标的制定更具针对性和实效性。

（3）坚持动态性原则——为学生的终身发展服务。

每堂课都应该有明确的教学目标，但有些教学目标是一节课可以实现的，有些却不是一朝一夕能完成的，需要贯穿到整个模块教学过程的始终。同时，预设的课堂教学目标不是刻板的不能改变的东西，学生是鲜活的，课堂是充满变数的，教师应该适时根据课堂上新出现的问题及时调整教学目标，针对学生的具体需求提供帮助，让课堂充满智慧。学生的成长离不开自尊心的保护、自信心的激励，因此，课堂教学既要注重结果，也要注重过程，灵活运用各种科学有效的评价和激励手段，促进学生的发展。

那么，确定明确的目标有哪些意义和价值呢？按照课程标准的要求，依据教材特点和学生的实际情况，制定明确的教学目标，可以引领教师的课堂教学贴近各类学生的最近发展区，不仅使全体学生达到最基本的要求，而且使各类学生学有方向，学有兴趣，学有所获，为各类学生的适度发展提供平台。教学过程是“预设”与“生成”的矛盾统一体，“预设”是课堂有效学习的基础，“生成”是课堂有效学习的发展，二者是相互联系的。凡事预则立，不预则废，制定教学目标是最基础、最重要的预设。教师的教学必须有明确的预设目标，这样才能保证教师教学的有效性和有序性，但课堂上的行为主体——学生是鲜活的、充满变数的，随时都有可能发生超出设置外的情况。有了“预设”，或者说，如果我们预设得更周密，预设到尽可能多的学生可能发生的问题，当课堂出现未曾预料的情况时，教师才能从容不迫，用足够的智慧自如地面对，有效地生成。因此，让“预设”与“生成”和谐相生，教学相长，这样的课堂教学才会高潮迭起、异彩纷呈。在明确课堂教学目标的引领下，教师需要统筹考虑课堂教学环节，设置怎样的教学情境，设计什么样的问题，重点突破什么问题，这节课的核心重点在哪里，课堂的哪些环节需要浓墨重彩，课堂的哪些方面可以轻描淡写……这样的课堂才是有效的高效的课堂。因此，以明确的教学目标为依据，才可以使教师的课堂教学“形散而神不散”，就像放风筝时紧紧抓住了手中的那根线，不管风筝飞得多高，都有一根线在牵引。

（二）教学主体之探

课堂的主体有两个：教师和学生。如何科学准确地定位二者关系，一直是历次教学改革绕不开的问题，也是教育界和社会各界关注的问题。

1. 对课堂教学主体的认识和观点

对课堂上的师生关系，我有一些自己的理解和拙见。我认为师生关系不是对立关系，课堂教学不是游戏，而是命运共同体。在课堂教学中，教师要引导帮助学生获得知识，收获成长；教师在启发引导学生学习学科知识的同时，加深了自己对专业知识的理解，促进了自己专业能力的提升，同时从学生的成长中教师也会获得职业成就感和幸福感。因此，课堂教学是教学相长的过程，是师生相互配合、共同努力收获成功的过程。

教学相长，不代表在课堂教学中师生的地位、作用相同。

我一直坚持这样一个观点——教师是课堂教学的主导，是教学的主角，课堂一定是教师的主场，是教师的主阵地。教师是策划者、设计者、导演者。因为，在课堂教学中，教师具备专业的知识和经验，他的任务就是要教会学生知识，提升学生能力，引领学生做人。不完成这些任务就是教师失职。因此，在课堂教学中，教师是课堂教学的主导，任务之一就是组织好课堂教学，这是课堂教学能否进行和能否顺利进行、进行到什么程度的前提条件。任务之二是要根据学生的具体情况，精心选择适合学生的教学方式和教学事例，设计适合引领学生循序渐进，层层深入的问题和课堂教学的环节，不仅教会学生知道知识是什么，还要让学生明白为什么知识是这样的，如何区分相近知识，如何运用知识与实际生活对接，分析实际问题等。任务之三就是要在课堂教学中，潜移默化地引导学生做出正确的价值和选择，渗透社会主义核心价值观的教育，培养中国特色社会主义事业接班人。

学生是课堂上学习的主体。他的任务之一是遵守课堂常规，专心听讲，积极参与课堂教学和主动思考，这是学习能否有效果和有什么程度效果的前提条件。任务之二是要在老师帮助引导下知道学科知识是什么，准确理解学科知识，并尝试把学科知识和现实问题对接。如哲学课上的矛盾对立统一，学生理解起来就很困难。学生可以结合教师上课的案例，像相反相成，大小、高矮等。两个词是相互比较而存在，同时含义表现又不同。这就是具有矛盾关系的概念。通过听课把抽象的理论具体化，可以加深对知识的理解，学会运用知识，所以上课要学会听讲。

任务之三就是要参与课堂，敞开心扉，善于和同学、老师交流。在交流讨论的过程中，分享同学间的智慧，促进同学间的了解，让自己平和友善地对待不同的观点和不同个性的同学。

这里需要提示的问题是，教师作为主导，任务是引导学生，让学生在思考、探索、领悟中增长智慧，学会做事、做人。所以，教师的一切设计都要围绕学生，以学生为中心；教学要在平等民主的氛围中互动进行，启迪智慧。以学生为中心不是围绕学生团团转，被学生牵着走，而是要提高课堂的驾驭能力，要引导学生顺着教师设计的思路去探索未知世界，发现宝藏，收获成功。如果教师不从学生的实际情况出发，课堂教学可能会出现效率低下的灌输式，教师一个人讲得精彩，但学生收获甚微。久而久之，学生就会失去对课堂教学的兴趣，教师也会有挫败感，渐渐产生职业倦怠。

综上所述，课堂上教师和学生的关系就是哲学上的对立统一。角色任务不同，但又相辅相成，共同成长。

2. 课堂教学充分发挥学生主体作用的探索

进入知识经济时代，尤其是互联网技术手段等的运用，使学生获取知识的途径越来越多元化，不会的问题只要打开百度搜索，就可以迎刃而解；作业不会，小猿搜题 App 可以来帮忙……那么，学校的课堂能通过怎样的方式才能吸引学生，激发学生的求知兴趣，这是对教师提出的极大的挑战。

我认为学生虽然可以通过很多渠道获得知识，但他们对知识的最初获得和知识体系的完整架构基本都是从学校开始的。也就是说，学校是学生学习启蒙的地方，是学生接受正规教育的主渠道。如果学生在学习上有多元化的个性化的需求，可以通过网络或者其他机构来拓展。教师一定要改变传统的教学观念，以学生为中心，在尊重学生的认知规律和生活实际的前提下来设计教学，让课堂成为学生学习的启蒙地、主阵地。

为了体现以学生为中心，高中政治教师可以从以下角度来设计自己的课堂教学。

（1）设置基于学生真实生活体验的教学情境，为发挥学生的主体作用创设平台。

情境是课堂教学中教师引领学生体验、感悟、获得学科知识，完成学科教学和育人任务的桥梁和平台。苏霍姆林斯基曾说：“人的心灵深处，总有一种把自己当作发现者、研究者、探索者的固有需要。”在课堂教学过程中，学生不再是单纯的知识的被动接受者、被灌输者，而是独立思考、主动发现、积极探究的主体。课堂应该成为学生自我发展、自我实现、自我造就的舞台，是他们自主性、能动性的一种生机勃勃的展示，是一场激情迸发的创造性活动。在这一舞台上，教师应该为学生创设真实的探究情境，鼓励学生自己判断、选择、发现、成长。

如在《规则——迈向社会生活第一课》中我曾精选了共享单车的事例作为教学情境，见表2－2。

表2－2　以“共享单车”为例探究为什么要遵守规则的设计

设置情境	设置目的
情境：“危险”的共享单车 共享单车因其解决了出行最后一公里的难题，除上班族以外，每天上下学期间有不少学生也成“骑行客”。近日，在上海市浙江北路路口，一名年11岁的男孩在骑行共享单车的过程中与大型客车相撞，被卷入车底导致身亡，由此引发的共享单车安全问题再次成为热议话题。有媒体呼吁：“别让共享单车成为危害孩子安全的隐患。”	理解规则的制定是为了维护个体安全的需要
呈现视频：“任性”的共享单车 央视 CCTV13 频道新闻直播间栏目：关注共享单车	理解规则的制定是为了维护社会和谐的需要
呈现视频：“疯狂”的共享单车 北京卫视频道特别关注栏目：共享单车侵占公共资源，无序投放为城市添堵	理解规则的制定是为了社会有序高效运转的保障

选择共享单车作为教学情境，是因为共享经济是近两年的新兴事物，广受社会关注。共享单车又是共享经济中最具有代表性的事物，可以说现阶段无人不知无人不晓，它的出现在为人们解决最后一公里出行困难的同时，也给社会发展带来一些困扰。这一事例就是学生生活中看到的可感受、可触摸的真实生活体验，就是学生身边的事。设置这样的教学情境，会让学生有参与的热情，感觉自己有话说，想表达，激发学生参与课堂的主动性和积极性。

教学情境除了基于学生的真实生活体验之外，还要呈现现实生活的多面性和复杂性。世界是全面的、综合的，一个复杂的社会问题往往是多个方面、多个层次、多种因素相互作用的统一整体。教师在课堂上设置的教学情境要尽量将生活的全面、宽广、复杂、综合性较为完整地呈现给学生。这样做，一方面可以让学生体会课堂的真实性、鲜活性；另一方面可以引导学生对全面的复杂的生活问题进行具体分析，使学生懂得不能仅把生活的某一方面、某一片段当作问题的全部，进行任意的简化或片面的取舍，要辩证、客观、全面地看问题。

如在引导学生探究如何打造一个遵守规则的社会这个问题时，我选取了某地优秀教师“堵动车等家人”事件作为问题情境。具体设置如表2－3所示。

表2－3　以“堵动车”事件为例探究如何遵守规则的设计

设置角度	设置情境	设置问题	设置目的
拦动车当事人	拦动车等家人事件	如何看待“她”的行为?	明确违背规则的主因：自身因素
	拦动车的当事人背景介绍	为什么“她”会有这样的行为?	明确违背规则的自身因素是多样的：习惯问题；情绪问题；意识素养问题等
	当事人拦动车的原因	你能“理解”她的行为吗?	明确遵守规则要加强自律，正确认识自由和规则、个人和集体的关系

续表

设置角度	设置情境	设置问题	设置目的
同行人员（围观人）	角色扮演	假如你是该女士的同车人，当时面对“她”的行为，你会选择…… 劝其改签； 站在女子的角度帮腔； 呵斥该女子的行为； 围观、拍照、上传	引导学生明确我们遵守规则要加强他律；要提醒、督促他人遵守规则
执法人员（工作人员）	聚焦铁路部门的现场执法	对这样的执法你作何评价？ 这又给我们什么启示？	明确全社会养成遵守规则的氛围是个系统工程，国家机关本身要遵守规则，按规则办事；要加强监管，让违背规则者无处遁形

之所以设置这样的问题情境，不仅是因为这件事曾在社会上引起了极大的反映，引发了大家对遵守、尊重规则问题的关注和重视，是学生熟悉的生活中的典型案例；还因为这一情境本身的复杂性。复杂的教学情境可以很好地还原生活的多样性，呈现在多样性背景下价值选择的冲突和碰撞。这一事例中的主角是一位优秀的教师，可以说是规则的倡导者和推行者，但在这一事件中，“她”却成了规则的破坏者。对于“她”的不遵守规则的行为不能简单用“道貌岸然”等一骂了之，关键是要引导学生分析出导致这一现象的因素有哪些，如何才能规避这一现象的再次发生；引导学生明确做规则守护者的中学生应该承担怎样的责任。因此，教师引导学生从教师本人、执法部门、服务部门、围观群众等诸多角度进行了系统的分析，让学生明白不遵守规则不都是像红灯亮了能不能过马路这样的简单情境，生活中很多现象的出现往往是情感与法治、自律与他律、个人与集体等多种因素交织碰撞、相互作用的结果。正如歌词所唱的：生活是个复杂的剧本。我们每个人只是剧本中的

一个角色，因此，要解决问题应该进行多角度的综合分析。这样的教学情境既锻炼了学生思维的开放性，也让学生深深感受到了对社会问题的分析不是简单的是与否，或只考虑单方向、单方面的因素即可。如果只看到一个方面就妄下结论，会偏于一隅、失之全面。

教育的最大价值在于教会学生一种恰当的思维方法和解决问题的能力。在上述分析中，教师通过设置贴近学生认知规律的问题，引导学生分析现象—归纳本质—探究归因—明确对策，在问题的引领下，学生在思考、探究、讨论中提升了透过现象看本质、思维的层次性和深刻性等能力和思维品质。

胡云琬先生曾说过："情感态度价值观教育是一种深入心灵的教育，不可硬性灌输，也不可独立传授。情感的形成，需要经历感知—内化—升华—实践复杂的过程，必须采用科学的情感教育方法予以渗透和熏陶。"在上述分析中，教师通过角色扮演等问题，引导学生体会价值冲突，体会价值选择之难，多维度探究解决情感体验和价值观的冲突，从而引导学生学会理性地认识问题，树立法治意识和责任担当的公民责任，凝练学科核心素养，实现学生正能量的情感体验，让学生在体验生活中成长。

（2）设置有思维层次的问题链，激发学生探究的乐趣，为发挥学生的主体作用创设载体。

前面谈到，进入知识经济时代，尤其是互联网技术手段等的运用，使学生获取知识的途径越来越多元化。同样，在今天，我们打造的以学生为中心的课堂不是告诉学生知识是什么，让学生记住知识，学会解题、学会套路。而是要学生通过真实的体验，通过教师设置的有思维梯度的问题的引导，获取对知识的深层次理解，并能有效迁移到其他问题情境，让学生在解决问题中学会有效地解决问题，在思考中学会正确地思考。下面结合实例予以说明。

课例节选：高二年级必修四《生活与哲学》第二单元第六课《实

践对认识的决定作用》。这节课在引导学生分析“实践是检验认识是否正确的标准”这一问题时，我设计了三个探究问题：

1. 什么是正确的认识？为什么正确的认识需要检验？

2. 谁能成为检验认识是否正确的标准？为什么？

3. 为什么检验认识是否正确的标准是唯一标准？

为了便于学生更好地探究，教师设置了当时学生生活中的真实生活情景——“非典”。当时课堂学生讨论的实录如下：

电脑展示：对于非典型肺炎的致病原因，有些专家认为是衣原体。有些专家认为是冠状病毒。

教师提出的讨论问题：怎样判断谁的观点正确？说说理由。

让学生讨论交流回答。

学生1：我看到报纸上介绍，致病的原因是冠状病毒。

学生2：我认为，谁的观点正确，不能轻易下结论，必须得到检验。

教师追问：什么是正确的观点？如何证明自己的观点是正确的？

学生3：所谓正确的观点，就是符合客观实际和客观规律的。不是符合书本的知识就是正确的观点，或者经过研究论证正确的，或者符合政策的，或者伟人说的。

（学生笑）

学生4：如何证明书本知识就一定是对的呢？可能若干年以后书本知识也变化了。政策也不是永恒不变的。我赞同科研论证这一观点。

教师追问：科学研究认识还是实践？

学生：科学研究是实践的形式之一。

教师引导：这说明实践是检验认识正确与否的标准。

教师追问：为什么实践成为检验认识正确与否的标准呢？

学生5：因为实践是主观见之于客观的活动，它一方面受主观认识的指导，联系着主观认识；另一方面又改造和变革客观对象，联系着客观事物。这样，实践过程就成为主观认识同客观事物联系的桥梁，人们就能够把主观认识同客观事物加以比较，可以用实践的客观结果来检验认识是否符合客观实际。

教师追问：实践之所以是主观见之于客观的活动，是因为实践具有什么特征？

学生：实践是客观物质性的活动，同时又是有意识有目的的能动性活动。

教师：因为实践这两个特征，使实践成为连接主客观的桥梁。同时也使实践成为检验认识是否正确的标准。

（教师边讲解，边在黑板上板书、画图）

教师追问：既然实践是检验认识的标准，那么，请同学们思考，实践如何检验认识正确与否呢？

（学生思考）

教师：可以互相交流一下。

（学生交流、讨论）

教师：好，交流得很投入，那么，谁来回答这个问题呢？

学生6：一般来说，以一种主观认识为指导在实践中改造客观事物，能够达到预期的目的，那就证明这种认识是正确的，否则就是错误的。

教师：回答得非常好，能举个例子说明吗？

学生6：比如刚才看到的例子，如果有人认为“非典”的致病原因是衣原体，那么，就应该用治疗这种病毒的办法用药；如果有人认为“非典”的致病原因是冠状病毒，就应该根据这种病毒的特点采取办法。在治疗过程中，哪种办法取得了实效，就证明致病的原因是什么病毒。

教师：我们应该为他的精彩发言鼓掌。

（全班响起热烈的掌声）

教师：刚才我们经过共同的研讨得到一个共识：实践是检验认识是否正确的标准。那么，实践是检验认识正确与否的唯一标准吗？

（全班议论纷纷）

学生7：我认为不是唯一标准。比如，共产主义社会是人类社会的最高级阶段并未得到检验，我们仍然认为它是正确的、科学的。

学生8：如果说实践是检验认识是否正确的唯一标准，那么，我们平时说以中国特色社会主义理论为标准，这又如何理解呢？

教师：问题提得非常好。全班哪位同学能回答他提出的问题。

（全班非常热烈地讨论）

学生9：我认为这并不矛盾，因为中国特色社会主义理论也是在实践中被论证是正确的理论。

学生10：这是否可以说明科学的理论也是检验认识是否正确的标准呢？

教师：还有没有其他的见解？

（个别学生摇头，表示出对这个问题很困惑）

教师：请同学们思考，共产主义社会是人类社会的最高级阶段这一结论是怎样得出的？

学生：根据生产关系一定要适应生产力的发展规律做出的预测。

教师：这一规律是科学的吗？为什么？

学生：是科学的，因为它是被人类社会发展的实践证明了的。

教师：生产关系一定要适应生产力发展的规律是支配人类社会发展的根本规律，共产主义社会就是根据这一规律而推理出来的结论。这其实是一个推理的过程，是一个逻辑推论。只要推理的大前提正确，又符合推理规则，那么，结论就应该是正确的。而我们要注意的是，这个推理依据的大前提是经过实践检验的正确认识。我想说明，刚才有同学提到的“中国特色社会主义理论”是标准的问题，也是逻辑推理。

（学生表现出豁然开朗的表情）

教师：通过讨论，我们明确了一个问题，科学的理论不是检验认识是否正确的标准。那么，客观事物自身能否成为检验认识是否正确的标准呢？

（学生讨论）

学生11：我认为客观事物本身不应该成为标准，因为它不能连接主客观。

教师：非常好。我们知道检验认识是否正确的标准必须具有连接主客观桥梁的特点，而客观世界只连接着客观世界。比如，粉笔能写字吗？粉笔本身不会告诉我们。

（学生大笑）

教师：通过刚才一系列的讨论，你们会得出什么结论呢？

（全班思考）

学生12：我认为实践不仅是检验认识是否正确的标准，而且应该是唯一标准。

教师：非常好。

（教师在黑板上板书：实践是检验认识是否正确的唯一标准。）

上面的教学片段案例为载体，问题为主线，通过师生互动、生生互动的方式，充分发挥课堂上教师的主导作用和学生的主体作用。围绕三个问题，师生之间、生生之间不断进行思维的碰撞，智慧的交锋。在碰撞、交锋过程中，教师始终发挥着引导、启发、追问、点拨的作用，启迪学生层层深入，探究现象背后的真问题，探究问题背后的最本质问题；在碰撞、交锋的过程中，教师引领学生在思考中学会严谨有序的思维方式；在碰撞、交锋的过程中，厘清唯理论至上的本本主义观念，凸显实践的重要性，引导学生树立实干至上的奋斗意识，在解决问题中引导学生学会有效解决问题的方法和途径。

（3）营造民主和谐的课堂氛围，为发挥学生的主体作用烘托气氛。

发挥学生主体作用的课堂，是鼓励学生发现问题、带着兴趣探究问题、在探究中生成新知识的殿堂。一定要呈现民主、和谐、平等、愉快的课堂气氛，这样学生才能放手探究、大胆质疑、发现问题，从而解决问题，生成新知识。

叶澜教授曾经说过："课堂应是向未知方向挺进的旅程，随时都有可能发现意外的通道和美丽的图景，而不是一切都必须遵循固定线路而没有激情的行程。"

以学生为主体的思想政治课教学，呈现的是师生之间真实的生活阅历、知识储备、思维方式等的个性差异。因此，经常会有与课前预设不一致甚至相矛盾的意外情况发生。学生在课堂活动中的学习状态，包括他们的兴趣、积极性、注意力、学习方法与思维方式、合作能力与质量、发表的意见、建议、观点，提出的问题与争论乃至错误的回答等，无论是以言语，还是以行为、情绪方式的表达，都是教学过程中的动态生成性资源。面对如此之多有价值的教学资源，教师要敞开胸怀，善于包容，善于引导，在师生和谐的思维碰撞中收获成长，让课堂成为师生都有获得感和幸福感的地方。

以学生为中心，就要满足学生不同的学习需求，让学生表达不同的诉求。因此，教师要从内心欢迎学生提出问题，耐心地解答、讨论；即使教师暂时回答不出某些问题，也要敢于承认，进而研究，不要为了自己的"师道尊严"而压制了学生探究真理的天性。另外，对有些问题，不要给出确定的"答案"，但需要让学生知道怎样寻找"答案"。当然，随着我国民主的发展，个别学生课上可能会发表与主流价值观不同的观点，对这样的观点，教师不要回避、不要训斥，而是要有理有据地予以引导、厘清，善于把握好度和善于抓住教育的契机，进行社会主义核心价值观的教育。

如有一次我参加区青年教师课堂教学比赛，当我和学生共同探究得出"量变是质变的前提和必要准备"这个知识点时，有个学生突然举手提问：如果有一个人买彩票中奖500万元，那么，这500万元的量变在哪里？我认为中奖这个问题更多的还是体现一种必然性和偶然性，如果有量变和质变的关系，那只能说是使若干个彩民的钱汇总到一起，成了500万元乃至更多，是聚沙成塔的过程。但学生能够在课堂上非常紧张的思维空隙提出这个问题，说明学生在思考，在探索，在尝试用所学的原理分析现实问题，尽管当时的课堂时间特别紧张，但我还是组织学生对这个问题进行了讨论，并留为作业，让学生继续思考、探究。

民主和谐的课堂教学，不代表教师可以无原则地迎合学生，更不能对学生没有任何要求，没有任何有价值的引领。对学生明显的知识或者是价值观上的错误观点，教师必须予以纠正，这是教师的责任和使命所在。教师在课堂上要关注师生互动的教与学的过程；关注学生是否愿意探究问题，如何发现问题、调查研究、表达与交流；关注是否给学生留出充足的发展空间，让他们自己品味、讨论、判断、交流，让他们享受学习过程的愉悦；教师是否把他们在探索知识的过程中出现错误，看作是一种进步，把引导他们自己纠正错误，当作重要的教育。关注过程，就是关注人的发展，体现以人为本，以学生为课堂的主体。

（三）高中思想政治课教学方式的探索

通俗地讲，教学方式是指为了完成教学任务而采用的方式方法。教学方式和教学内容是形式和内容的关系。恰当的形式可以更好地表现内容，因此，教学方式选择得是否适当对于一堂课的教学起着重要作用。但是，教学方式是为了表现教学内容的，因此，必须以教学内容为核心，围绕教学内容进行设计，不能过度追求形式的漂亮、新颖、时尚而忽视了要表现的教学内容，那样就舍本取末了。

按照习近平总书记重要批示要求，中共中央办公厅近日发出《关于解决形式主义突出问题为基层减负的通知》，明确将2019年定为“基层减负年”，强调要解决一批困扰基层的形式主义问题，切实把干部从一些无谓的事务中解脱出来，从提供材料的忙乱中解放出来。这里的形式主义表现为口号喊得震天响、行动起来轻飘飘，从会议到会议，为表态而表态。笔者认为，过度追求课堂教学形式而忽视了教学内容，忽视学生的真实感受和实际收获，就是教学中的形式主义。

但是为了更好地呈现教学内容，选择适合的教学方式是很重要的。只有教学方式适当了，才能更好地吸引学生参与；只有教学方式适当了、合理了，才能更好地完成教学内容；只有教学方式与时俱进，体现新意了，才能更好地体现教学内容的变化与完善。因此，《普通高中思想政治课程标准》人教版（2017 年版）有这样的规定："本课程针对高中学生思想活动和行为方式的多样性、可塑性，着力改进教学方式和学习方式。在课程实施中，要充分利用现代信息技术，拓展教育资源和教育空间；要通过议题的引入、引导和讨论，推动教师转变教学方式，使教学在师生互动、开放民主的氛围中进行；要通过问题情境的创设和社会实践活动的参与，促进学生转变学习方式，在合作学习和探究学习的过程中，培养创新精神，提高实践能力。"

思想政治课采用学生能接受的喜闻乐见的教学方式，走近学生，吸引学生；走进学生，引导学生、感染学生，直抵心灵。如春风化雨般，潜移默化、润物无声地言传身教，让社会主义核心价值观的教育入脑入心，才最能塑造一个人的精神品质、价值观念，进而影响一代人的行为习惯与人生选择。打开每个人心灵的窗口，沐之以春风、润之以细雨，往往就能于无声处成风化人、凝心聚力，为民族复兴注入持久而深沉的力量。因此，好的教育教学内容也需要合适的教学方式做载体呈现出来。

思想政治课教学采用何种教学方式更好，是一个永恒的问题。不同的地区、不同的学校、不同的年级、不同的班级，学生生活背景不同、生活习惯不同、思维方式的特点不同，教师的风格不同，采用的教学方式必然也不同；或者说同一个教学内容，在不同届的学生中也要采取不同的教学方式。这是一个见仁见智的问题，不能搞一刀切。

新的教学改革倡导议题式教学方式。所谓议题，既包含学科课程的具体内容，又展示价值判断的基本观点；既具有开放性、引领性，又体现教学重点、针对学习难点。围绕议题式，根据侧重点不同又有不同的具体方式，见表2-4。

表2-4　不同教学方式的特点对比表

教学方式	特　点	例　子
活动型教学方式	活动设计成为教学设计和承载学科内容的重要形式。对应结构化的学科内容，力求提供序列化的活动设计，并贯穿于教学全过程	哲学有什么用；人的正确思想从哪里来等
凸显积极价值引领教学方式	用支撑思想政治学科核心素养的基本观点统整、统筹学科知识。通过范例分析展示观点，在价值冲突中深化理解，在比较、鉴别中提高认识，在探究活动中拓展视野，引领学生认同、坚信社会主义核心价值观。有些学科概念旨在引导学生思考和行动，无须要求学生从理论上掌握其内涵	“互联网+”时代的理性抉择；科学社会主义为什么科学
优化案例，采用情境创设的综合性教学形式	以案例为载体进行综合性教学，既要着眼于同一课程模块的内容，综合不同的学科核心素养要素，又要着眼于同一学科核心素养要素，综合不同课程模块的内容。情境创设既要真实又要具有复杂性	“疏堵”措施的评析和建议；新时代，如何进行对外开放等
走出教室的社会实践活动	社会实践活动包括志愿服务、社会调查、专题访谈、参观访问，以及各种职业体验等	成功企业的经营理念与发展状况；诗画江南等

习近平在全国思想政治课教师座谈会上对思想政治课教学提出了八个统一，即要坚持政治性和学理性相统一，要坚持价值性和知识性相统一，要坚持建设性和批判性相统一，要坚持理论性和实践性相统一，要坚持统一性和多样性相统一，要坚持主导性和主体性相统一，要坚持灌输性和启发性相统一，要坚持显性教育和隐性教育相统一。这为思想政治课教师选择各具特色的教学方式，提高思想政治课的思想性、理论性和亲和力、针对性指明了方向。

1. 议题式课堂教学方式

“议题式”课堂是政治学科新课程标准中广泛普及的新型课堂形式。《普通高中思想政治课程标准》人教版（2017 年版）指出，议题既包含学科课程的具体内容，又展示价值判断的基本观点；既具有开放性、引领性，又体现教学重点、针对学习难点。要了解学生对议题的认识状况及原有经验，以提高教学的针对性、实效性；还要了解议题的实践价值，创设丰富多样的教学情境，引导学生面对生活世界的各种现实问题。

也有专家指出，所谓议题，必须具备四个条件，一是要具有鲜明的学科主题，二是要坚持正确的价值导向，三是要有利于有效学习过程的展开，四是要有利于培育学科核心素养。

表 2－5 是对《普通高中思想政治课程标准》人教版（2017 年版）中各模块议题教学的汇总。

表 2－5　高中政治四个模块议题式教学中的议题汇总

模块	议　题
必修一《经济生活》	以“为什么要坚持‘两个毫不动摇’”为议题，探究我国社会主义基本经济制度的优越性
	以“为什么‘两只手’优于‘一只手’”为议题，探究在资源配置中市场起决定性作用和更好发挥政府作用的道理，明确社会主义市场经济体制的特点
	以“怎样保持经济平稳运行”为议题，探究正确运用宏观调控手段，实现宏观调控目标
	以“为什么发展必须以人民为中心”为议题，探究坚持新发展理念、转变经济发展方式的意义
	以“如何建设现代化经济体系”为议题，探究深化供给侧结构性改革的必要性、意义和途径
	以“如何从收入分配中品味获得感”为议题，探究实现共同富裕、完善个人收入分配的意义和途径

续表

模块	议 题
必修二《政治生活》	以“为什么中国共产党执政是历史和人民的选择”为议题，探究中国共产党带领中国人民革命、建设和改革的奋斗历程
	以“怎样高扬永不褪色的旗帜”为议题，探究中国共产党永远保持先进性、纯洁性的重要意义
	以“如何理解依法执政”为议题，探究领导人民制定法律、在宪法和法律范围内活动的方式
	以“怎样看人大代表的作用”为议题，探究人民代表大会与“一府两院”的职权及其关系，感悟人民民主的真实性和广泛性
	以“协商民主有什么优势”为议题，探究我国政党制度的特色以及协商民主的意义和价值
	以“我国各族人民怎样和睦相处”为议题，探究我国处理民族关系基本原则的意义，认同我国是统一的多民族国家
	以“我们怎样当家作主”为议题，探究人民直接行使民主权利的内容和方式
	以“公民参与立法有什么意义、有哪些途径”为议题，探究推进科学立法、民主立法、依法立法，以良法促进发展、保障善治的意义，理解公民依法行使民主权利的制度
	以“如何增强政府的公信力和执行力”为议题，探究建设职能科学、权责法定、执法严明、公开公正、廉洁高效、守法诚信的法治政府的意义
	以“为什么说司法公正是社会公正的最后防线”为议题，探究司法公正的意义和价值，以及体现公正司法的制度和措施
	以“法治如何让生活更美好”为议题。探究法治与生活、法治与道德的关系，认识建设法治社会的重要意义
必修三《文化生活》	以“传统文化是包袱还是财富”为议题，探究对待传统文化的正确态度。可结合对非物质文化遗产的保护，讨论如何传承和弘扬中华优秀传统文化
	以“文化的力量有多大”为议题，探究中国特色社会主义文化的影响力
	以“文化创新靠什么”为议题，探究文化创新的动力和途径。可组织系列活动，比较、评议各种文化创新的表现

续表

模块	议　题
必修四《生活与哲学》	以“哲学有什么用”为议题，探究哲学把握世界的独特方式
	以“人的正确思想是从哪里来的”为议题，探究“实践—认识—再实践—再认识……”的过程
	以“为什么要具体问题具体分析”为议题，探究实事求是的观点
	以“为什么要一切以时间、地点和条件为转移”为议题，探究解放思想、与时俱进的意义
	以“人们为什么有不同的价值观”为议题，探究价值判断的依据和意义
	以“面对价值冲突如何选择”为议题，探究生活中进行价值选择的标准
	以“怎样才能内化于心、外化于行”为议题，探究如何践行社会主义核心价值观

从表2－5可以感受到，议题式教学方式是新课程改革课堂教学的常态。对于议题式教学方式，我自己也在不断地探索。下面是我在探索议题式课堂教学时所上的一节课，展示出来是为了达到抛砖引玉的效果。

高一年级必修模块一《经济生活》第四单元“经济全球化和对外开放”这一内容是这一单元的教学重点。而且，这部分内容也是当下的焦点和热点。当今世界正面临百年未有之大变局，面对这样的大变局，习近平指出，坚持合作共赢，建设开放经济。贸易战不可取，因为不会有赢家。经济霸权主义更要不得，因为这将损害国际社会共同利益，最终也将搬起石头砸自己的脚。我国要坚定地建设开放型世界经济，旗帜鲜明地反对单边主义和保护主义。中国向世界发出了承诺：“中国对外开放的大门永远都不会关上，只会越开越大！”2018年是中国改革开放第40年，40年来，中国从“全球买”到“全球卖”，从向西方学习到他国来华“取经”，从国际体系的旁观者到国际体系的参与者、建设者，中国与世界的接触互动“更加深入和精细”。改革开放40年，我国是经济全球化的受益者，更是贡献者。我国经济快速增长，为全球经济稳定和增长提供了持续强大的推动力。我国同一大批国家的联动发展，使全球经济发展更加平衡。我国改革开放持续推进，为开放型经济发展提供了重要动力。我国改革开放40年的发展成果证明，开放带来进步，封闭必然落后。中国的发展离不开世界，世界的繁荣也需要中国。因此，习近平在庆祝改革开放40周年大会讲话中指出，我国要坚持对外开放的基本国策，实行积极主动的开放政策。

我们这一届学生出生在2000年后，他们是改革开放的受益者。为了让他们更深层地认识和感受对外开放这一基本国策给我国发展带来的巨大变化，理解我国继续坚持更高层次的对外开放政策的原因和意义，同时，能结合我国的具体情况，从政府、企业等角度分析如何发展更高层次的对外开放，教师以《如何发展更高层次的对外开放》为议题，引领学生穿越40年的时光，探究我国更深层次的对外开放的前世、当下和未来。具体环节如下：

教学环节一：回顾历史，领悟发展更高层次的开放型经济之因

教学活动安排：教师给学生下发学习资料，提出学习任务。学生在学习任务的驱动下，完成教学目标

阅读材料：

历史巨变：我国对外开放的成果

对外开放大大提升了亿万人民的生活水平。2017年，全国居民人均可支配收入达到25 974元，扣除价格因素，比1978年实际增长22.8倍。过去几十年，我国7亿多人口摆脱贫困，并将在2020年实现全面脱贫，创造了人类减贫史上的奇迹。对外开放深刻地改变了中国人的精神面貌，对外开放打开了思想解放的闸门。

我国对外开放与对外贸易和投资的变化：对外贸易数量增大，进出口总额由1978年的0.0355万亿元到2017年的27.8万亿元，增长

了782倍，成为全球货物贸易第一大国。对外贸易结构优化，质量不断提升。出口产品中初级产品出口比重由1978年的53.5%下降到2017年5.2%；工业制成品出口比重由1978年的46.5%上升到2017年的94.8%；高级技术产品出口比重由1978年的2%上升到2017年的28.8%；服务贸易进出口总额增长了147倍。贸易市场日趋多元。贸易伙伴数量由1978年的40个左右增长到2017年的231个。从对外投资和使用外资的情况看，2017年，我国对外直接投资达到2万亿美元。

对外开放与生产制造：通过对外开放，我国获得了更多推动发展所必需的资金、技术、资源、市场、人才乃至机遇，不断为经济发展注入新动力、增添新活力、拓展新空间。在对外开放进程中，一大批熟悉国际市场规则、全球配置资源、具备国际竞争力的跨国企业成长起来，有力提升了我国经济的国际竞争力。20多年前，世界500强企业中，中国只有3家，而到了2018年，中国上榜企业已经达到了120家，仅次于美国的126家。

对外开放造福了世界：近些年来，中国经济对世界经济增长的贡献率一直保持在30%以上，是拉动世界经济复苏和增长的重要引擎，有效促进了世界经济再平衡。作为世界第二大经济体，我国每年的经济增量相当于贡献了一个中等发达国家的经济规模，为全球经济的稳定和增长提供了持续的强大动力；我国同一大批发展中国家的联动发展，使全球经济的发展更加平衡。我国对外开放的持续推进，为开放型世界经济发展提供了重要动力。

探究任务：

1. 40年的对外开放是怎样改变中国、影响世界的？

2. 对外开放40年，中国为什么能取得如此大的成绩？

这一教学环节要达成的教学目标：了解我国对外开放40年取得的成果；理解我国是经济全球化的受益者，更是贡献者。培养学生的政治

认同和科学精神；树立道路自信、制度自信和文化自信

教学环节二：聚焦当下，明确发展更高层次的开放型经济之切

教学活动安排：教师设置教学情境，质疑辨析，厘清学生的认识误区，进行积极的价值引导

教学情境设置：

中国正处于百年未有之大变局，单边主义、贸易保护主义大行其道，有个别发达国家以“本国优先”对中国高新技术产业实施制裁，对中国商品实施贸易高关税等。而中国经济发展进入新时代，经济发展由高速增长阶段转向高质量发展阶段，推动高质量发展，需要破解发展难题，厚植发展优势。正如习近平所说：我们现在到了“船到中流浪更急、人到半山路更陡的时候”。面对这样的国际国内局势，中国的对外开放又如何进行呢？

探究问题：结合对外开放40年的成果和我国目前的经济发展现状，分析我国对外开放的大门应开放还是封闭？

这一教学环节要达成的教学目标：引导学生理解并明确，我国经济发展进入新时代，必须推动经济高质量发展，要实现经济高质量发展必须牢固树立并贯彻开放的发展理念。我国40年的发展证明：开放带来进步，封闭必然落后。培养学生的科学精神和公共参与的学科核心素养。

教学环节三：解读材料，探索“发展更高层次的开放型经济之路”

教学活动安排：教师给学生下发学习资料，提出学习任务。学生在学习任务的驱动下，完成教学目标

材料呈现：聚焦当下：新时代对外开放再出发

激发进口潜力。举办世界首届以进口商品为主的展会。预计未来15年，中国进口商品贸易总额和服务贸易总额将分别超过30万亿美元和10万亿美元。2018年5月1日进口抗癌药实施零关税，自2018年7月1日起，降低汽车整车及零部件进口关税。

持续放宽市场准入。2017年版的自贸区负面清单，共减少了10个条目、27项措施，进一步扩大了外商准入范围和条件。大幅度放宽市场准入，在22个领域推出开放措施，外资进入银行、证券、汽车制造、电网建设、铁路干线建设网建设等限制将取消；深化农业、矿业开放；加快电信、教育、医疗、文化领域的开放进程。

打造对外开放新高地。2013年9月至2018年4月，国务院先后批复了上海、广东、天津、海南等12个自由贸易试验区。加大西部开放力度，赋予自由贸易试验区更大改革自主权，支持海南全岛建设自由贸易试验区。我们将继续发挥自由贸易试验区改革开放试验田作用，以制度创新为核心，大力转变政府职能，实行高水平的贸易和投资自由化便利化政策，加快形成公平开放、统一、高效的市场环境。

营造国际一流营商环境，加大知识产权保护。重新组建国家知识产权局，完善加大执法力度，把违法成本显著提升上去，把法律威慑作用充分发挥出来。世界银行最近发布2019年营商环境报告，中国营商环境全球排名上升32位，跃升至第46名。

“一带一路”从愿景为现实，从理念到实践。共建“一带一路”回应了各国经济社会发展的现实关切。如阿根廷位于南美洲南部，水果、牛肉、红酒、海产品等物产十分丰富，但长期以来受制于基础设施欠缺和金融市场波动，存在出口产品数量少、附加值低等问题。在共建“一带一路”背景下，2017年中国在阿根廷投资超过100亿美元，涵盖基础设施建设、能源、通信、农业等领域，创造了数以万计的工作岗位。中阿扩大本币互换规模，中国金融机构在阿根廷设立分支机构，为阿根廷经济社会发展提供了支持和服务。截至2018年7月，全球140多个国家和国际组织同中国签署共建“一带一路”合作文件，签署范围自亚欧大陆拓展至非洲、拉美和加勒比地区、南太平洋地区。5年来我们同“一带一路”相关国家的贸易额累计超过6万亿美元，对外直接投资超过6万亿美元，为当地创造24万个就业岗位和20.1亿美元的税收。同时，共建“一带一路”大幅提升了我国贸易投资自由化便利化水平，推动我国开放空间从沿海、沿江向内陆、沿边延伸，形成陆海内外联动、东西双向互济的开放新格局。

共建“一带一路”为完善全球治理体系变革做出新贡献。从坚持以和平合作、开放包容、互学互鉴、互利共赢为核心的丝路精神，到聚焦政策沟通、设施联通、贸易畅通、资金融通、民心相通，再到携手打造绿色丝绸之路、健康丝绸之路、智力丝绸之路、和平丝绸之路，实践充分证明，共建“一带一路”顺应了全球治理体系变革的内在要求，彰显了同舟共济、权责共担的命运共同体意识，为完善全球治理体系变革提供了新思路新方案。

探究任务：新时代，我国如何发展更高层次的开放型经济？

这一教学环节要达成的教学目标：学生能明确进行更高层次的开放要坚持主动开放、公平开放、全方位的开放、共享共建的开放；培养学生的自信和自豪感；责任意识和担当意识。

环节四：畅想未来，展望更高层次开放型经济之美

学生活动：描绘美好的未来

主题：下一个（　）十年世界舞台上的中国

内容：（　）十年后，最权威杂志之一（名称）以我国的对外开放成果为主题设计封面。

要求：请你结合今天所学内容，发挥自己的聪明才智，完成封面设计。

这一教学环节要达成的教学目标：引导学生畅想未来，祝福祖国，承担自己的社会责任。

之所以把《如何发展更高层次的对外开放》作为议题，是基于这样几个角度的考虑。第一，这个议题本身是鲜明的学科主题，是《经济生活》模块的重点内容。第二，通过回顾历史，聚焦当下，感受对外开

放之成果、探究更高层次对外开放之因，引领学生放眼时代、关注时代、紧跟时代，做时代新人。改革开放是中国大踏步赶上时代的重要法宝，是坚持和发展中国特色社会主义的必由之路，是决定当代中国命运的关键一招，也必将是决定未来实现“两个一百年”奋斗目标和中华民族伟大复兴的关键一招。探究“如何发展更高层次的对外开放”可以引导学生坚持正确的价值导向。第三，“如何发展更高层次对外开放”虽然是《经济生活》第四单元的内容，但却涉及企业生产、百姓生活消费、社会主义现代市场经济体系、市场调节和国家宏观调控等内容，贯串了《经济生活》四个单元的内容。同时，要发展更高层次的对外开放，就需要坚持党的领导、要转变政府职能，打造服务型政府等，这些又是《政治生活》模块的内容；当然，发展更高层次的开放型经济，也需要坚持联系的观点、全面的观点等哲学理念，坚持我们的文化自信等文化模块的内容，可以说，这简单的一节课，却整合了高中四个模块的知识，跨度非常大，这样的议题非常有利于有效学习过程的展开。第四，“如何发展更高层次的对外开放”的议题有利于培育学生的学科核心素养。在教学过程中，引领学生感受对外开放 40 年的历史巨变，理解坚持中国特色社会主义道路和坚持党的领导的重要性；了解新时代、新起点的特点，理解现阶段我国进行更高层次的对外开放的现实性和迫切性，培养学生的政治认同、科学精神，树立制度自信、道路自信、理论自信。未来高层次的对外开放，学生是主力军、亲历者；在回归历史、聚焦当下的基础上畅想未来，唤起学生的责任意识、担当意识，激发祖国发展为我，祖国发展有我的主人翁意识，培养学生的政治参与。

《政治生活》模块第三单元第五课，教师在分析人大代表的相关知识时，也可选择一个小议题开展教学。

议题：如何看待人大代表的作用

材料呈现：全国人大代表李某经常走访基层、深入边远山区，详细了解群众生产生活情况。在2018年全国“两会”上，他提交了关于加强城乡养老、乡村振兴的建议，得到了全国人大的高度重视。

2018年一年里，李某积极利用各种平台，宣传全国“两会”精神和党的路线、方针、政策以及惠民利民优惠政策。积极参与各类专题调研，围绕推进粤港澳大湾区建设、社会民生教育事业等积极建言献策。同时，他又在积极酝酿2019年的“两会”议案建议——《关于加快建设阳江滨海国际机场、进一步促进南部沿海经济发展的建议》《关于科学调整大中小学寒暑假期的建议》《关于设立各级人民代表大会代表佩戴专用徽章制度的建议》等。

在2019年全国两会召开之际，他特地召开了一场履职座谈会，重点就产业扶贫、发展实体经济等方面工作认真听取选民群众和各级人大代表的意见和建议，继续完善自己的两会建议，希望把最基层、最真实的民意带到北京去，不辜负选民的期望和重托。

探究问题：

1. 李某作为人大代表在人大和人民群众之间起了什么作用？
2. 李某作为人大代表，为什么要起到这样的作用？
3. 李某作为人大代表，是如何履行自己的职责的

围绕这个议题进行探究，学生就能明白我国是人民民主专政的社会主义国家，人民是国家的主人。但我国人民当家作主是通过选代表，即人大代表组成我国的权力机关人民代表大会，统一行使国家权力的方式进行的。因此，人大代表在权力机关人民代表大会和人民群众之间起着

桥梁和纽带的作用，即带着人民的意见和需求来到人民代表大会，通过行使提案权、审议权、表决权、质询权等，把人民的意志上升为国家意志，保证国家的决策更好地体现人民的意志，保证人民的利益。这样分析，学生就能更加深刻地认识和把握我国的国体和政体的关系、我国政体的组织运作方式、公民和国家关系、如何正确认识选举权和被选举权是我国公民的基本政治权利等知识，同时也能正确认识和理解决策利民这句话的真正内涵，理解并认同我国的社会主义民主是最真实、最广泛、最管用的民主，从而坚持我国的道路自信、制度自信，培养学生政治认同的核心素养。

在探索议题式教学方式的过程中，我有这样几点建议和大家分享：

（1）议题式教学的议题和上课中提出的问题不能等同。议题，从学科知识本身来说，是教学的重难点内容；从知识的跨度来说，涵盖了几个单元甚至几个模块的相关知识，而问题可能就是引导学生对某个知识进行深入思考的一个角度。如“如何看待人大代表的作用”这个议题，看似是必修模块二第五课的内容，但实际上对这个问题的分析探究兼顾了选修三中国国体和政体的关系，必修模块二中第一单元的我国社会主义民主的性质、公民和国家的关系、公民的权利和自由等知识。而“人大代表是如何履行自己的职责的”就是一个问题，学生可以从人大代表行使权利和履行义务两个角度分析。

（2）议题式教学只是一种教学方式，区别于讲授式教学、社会实践类教学等。通过一个恰当的议题做引导，以适当的情境或者活动为载体，引导学生理解学科的重难点知识，提升学科能力，培养学科的核心素养。这种教学方式更适合新课改的理念，引导学生去发现问题，通过情境或者活动解决问题，在发现和解决问题的过程中厘清价值误区，学会正确的价值判断，做出正确的价值选择，达成学科的核心素养。

（3）议题式教学方式是目前比较推崇的教学模式之一，但不是唯一的教学方式。不同的地区、不同类型的学校，面对的学生主体的生活阅历不同，教师的个人风格不同，教学方式应该百花齐放。但有一个核心原则是必须坚持的，即以学生为中心，关注学生，立德树人。

2. 情境探究式的课堂教学方式

情境是教师带着学生体验、感悟、获得学科知识，完成学科教学任务和育人任务的桥梁和通道。设置怎样的情境要基于不同学科的性质和要求，依据不同年龄段学生的认知规律。

情境探究式教学方式是思想政治学科课堂教学经常采用的，也是非常适合思想政治学科的课堂教学的。思想政治课要更好地说理，吸引学生、打动学生、启迪学生，必须借助载体，营造一定的语境，烘托一种氛围。情境探究是最适合的方式之一。但怎样选择设置情境呢？我常用的办法就是优选案例，以案例为载体，用问题穿针引线，引导学生在探究中学会做事做人，在探究问题中学会思考。

建构主义认为，学习者要想完成对所学知识的意义建构，即达到知识所反映事物的性质、规律以及该事物与其他事物之间联系的深刻理解，最好的办法是让学习者到现实世界的真实环境中去感受、去体验（即通过获取直接经验来学习）。因此，在课堂教学过程中，教师要精选典型的、基于学生生活的、能够引发学生兴趣的素材作为具体情境，为培养学生的学科核心素养烘托氛围。美国教育学家约翰·布朗福斯特把“情境”称为教学的“锚”，并提出了著名的“抛锚式教学”论，即把故事、事件或一系列生活问题设置为课堂教学的具体情境，激发学生求知的欲望、探究的热情等。要想使课堂教学能够吸引学生，情境的设置就一定要有时代性，表现鲜明的时代特点和时代主流。

如在分析“遵守社会规则”这一课时，教师选择“共享单车”这个共享经济最有时代性的情境，对“共享单车”发展中在解决人们出行最后一公里便利的同时，也出现了野蛮生长、无序发展等问题，以及由此引发的对个人诚信、企业信用的拷问，带领学生思考、分析、探究规则对个人、社会、国家乃至国际社会发展的重要性；同时，让学生明白打造规则社会需要个人和社会共同努力。

结合建设生态文明这个大的时代背景，开设“绿色生活，你我共建——从生活垃圾分类做起”一课。带领学生认识垃圾分类的标识；通过调查了解北京的垃圾填埋的占地问题，理解垃圾分类的必要性和紧迫性；参观垃圾焚烧厂，了解垃圾分类从源头做起的意义，树立垃圾分类的意识，积极践行垃圾分类。这样的情境设置和探究，不仅让学生深刻理解了国家生态文明建设的必要性和意义，了解了国家和企业在绿色文明建设中的责任和担当；同时也会让绿色成为学生一生的生活方式。

情境设置不仅要体现时代性，符合时代的脉搏，还要贴近学生的生活，尤其是贴近学生的真实生活体验。这样的情境探究才更能让学生信服，并更具有针对性。这是因为思想政治课程是一门以中学生生活为基础、以引导和促进中学生思想品德发展为根本目的的综合性课程。思想政治课的课程理念之一就是帮助学生过积极健康的生活，做负责任的公民。这说明思想政治课既是学科课程，也是德育课程，承载着培养社会主义合格公民的重要任务，要对学生进行公民教育，就要动之以情，才能晓之以理。要动之以情，就要基于学生的真实生活体验，让学生触“景”生情。因此，思想政治课的课程性质和课程理念要求教师创设基于学生真实生活体验的问题情境。另外，中学生的认知特点是感性的、形象的，课堂教学要通过具体的形象的情境来吸引学生参与，让学生在体验中感受，在感悟中探究，逐渐形成意识、理解观念、懂得践行。真实问题情境是指教师创设贴近学生生活实际、符合学生认知规律的教学案例和思考问题。给学生展现一个活生生的、可以观、可以闻、可以触摸、可以与之对话的真实情境。真实产生共鸣，共鸣激发共情，在共鸣和共情中唤醒学生的表达诉求和探究欲望，让学生真正地认识世界，感悟生活，将课堂内容与生活的真实相沟通、相融合，让学生在感受“真”、领悟“真”中成长。

如在“量变与质变”这节课中，在分析“量变只有达到一定程度才会引起质变”这一知识点时，以前常用的事例就是“水的三态的变化”。但经过调查，发现高二年级学生在化学课上刚做完“酸碱滴定”实验。在这个实验中，最明显的一个特点就是随着 pH 的变化，酸碱溶液呈现出不同的性质变化。这恰恰证明了“量变只有达到一定程度才会引起事物根本性质的变化”这一哲学观点。而这一事例更贴近学生的生活，更能引起学生的共鸣，所以，教师可以这一事例为载体，师生互动分析“如何理解量变只有达到一定程度才会引起事物根本性质的变化”这一知识点。教师出示强酸强碱的中和滴定曲线图，引导学生观察思考图中“突跃”变化。

在师生互动探究这个问题时，学生结合强酸强碱的中和滴定曲线图很直观地看到：虽然溶液的酸碱浓度一直处于变化中，但当 pH 在4 ~ 10 前后时，溶液的性质变化非常明显。这说明 4 和 10 就是临界点。量的积累只有达到临界点才会引起事物根本性质的变化。

中和滴定实验是学生的课堂实验，是他们亲眼所见、亲手检验的结果。只不过原来讲的是化学理论，而现在把这一实验作为理解哲学原理的真实案例。选取这样的事例作为课堂的典型情境进行探究，容易触发学生的探究兴趣，把复杂的抽象的道理浅显化、生活化。

朱熹先生曾说：“问渠那得清如许，为有源头活水来。”只有源源不断的活水、真实反映学生生活的情景，才能吸引学生、打动学生，才能让课堂焕发生命力和创造力。反之，如果教师在课堂上呈现的情境脱离学生的生活，学生就会觉得课堂的学习是假大空的，是不可信的，长此以往，就会影响政治课的育人效果。

在“世界舞台的中国”这一课的教学中，教师设置了如表 2 - 6 所示的情境：

表 2-6 基于学生真实生活体验的教学情境设置案例

设置情境	探究目的
微视频 1：中国入世 15 年的成果	让学生感受中国入世以来在格局、策略等方面的变化和取得的成果，明确中国经过 30 多年的对外开放所取得的巨大成就举世公认。我们已经由对外开放的参与者、建设者、受益者，转型成为世界经济发展的引领者、新的国际规则的制定者
微视频 2：更好地参与对外开放的着力点在哪里	中国要实施高质量的供给侧改革，依靠创新驱动战略屹立于世界制造舞台的桥头

微视频 1：中国入世 15 年的成果，让学生通过可看、可感的生活情境，真实地感受到对外开放为我国经济发展和百姓生活带来的变化，切身体会走上世界舞台对中国发展的意义。微视频 2：更好地参与对外开放的着力点在哪里，教师设置了“中国圆珠笔笔芯之问”和“李克强总理的圆珠笔笔芯之问”的教学情境。这两个教学情境是社会的热点问题，大家关注的焦点，圆珠笔是学生平时接触最多的东西之一，设置这样的学生熟悉的真实生活情境，非常容易引发学生的情感共鸣，激发学生探究的热情和参与度，营造让学生有话想说的氛围。通过讨论探究，引导学生理解未来中国要想更好地参与对外开放，必须走自主创新之路，创立自己的品牌，由“制造大国”转变为“制造强国”，培养和提升学生的参与意识、理性意识、责任意识、担当意识。

可见，真实的教学情境让课堂源于学生的生活，扎根于学生的生活，架起了现实生活与学科知识之间的桥梁，营造了民主和谐的探究氛围，为学习创设了最佳的心理和认知环境，燃起了学生的求知欲，满足了学生的成就感。

围绕高中思想政治课的教学重点和教学难点，教师可以优选恰当的材料，设置教学情境，在有梯度的问题的引导下，师生之间、生生之间相互交流，分享智慧，探究解决问题的方法。

“文化生活”模块第二单元第五课“文化创新”不仅是第五课的教学重点和教学难点，也是第二单元乃至这本书的教学重点，同时对当下也有着重要意义。在突破这个教学重点时，教师采用了当今的“网红”博物馆——故宫。故宫是这几年人们关注的焦点，2019 年寒假，朋友圈里晒得最多的就是“故宫游”。“我在故宫过大年”“故宫火锅”“紫禁城上元之夜”……故宫之所以能成为当下最热的博物馆和最流行的旅游之地，就是不断创新的成果，用这个事例分析文化创新是最有说服力、最令人信服的。同时，这又是贴近学生生活实际的事，是他们感兴趣的事。所以，教师优选了相关材料作为情境，引导学生探究为什么要进行文化创新，如何进行文化创新。

材料呈现

近年来，故宫通过管理提升、挖掘潜力、文创开发等措施，成功地将自己打造成“网红”，不仅走出了“金銮殿”，走入了“寻常百姓家”，更走向了全世界。

近年来，故宫博物院研发文创产品，花样翻新地宣介中国文化：“雍正御批”创意胶带早已是“资深网红”，“圈粉”无数。2018 年，甚至进军到了彩妆界，出现在“迪奥”等国际知名品牌的包装上。

为了让更多人有机会了解故宫知识，故宫博物院研发出可说 40 多种语言的讲解器；为了便于各国游客参观，设置了 512 块标识牌；故宫用 3 年时间倾力打造故宫数字社区，通过虚拟现实技术融公众教育、文化展示、参观导览、休闲娱乐、社交广场、学术交流、电子商务等功能于一体……每一个细节，每一个举措，无不渗透了创新思维。

探究问题：

1. 结合材料，从故宫不仅走出了“金銮殿”，走入了“寻常百姓家”，更走向了全世界的做法中，探究文化创新的途径。

2. 有人认为以其完整的建筑保存、数量庞大门类齐全的藏品、皇家属性的独特禀赋，作为博物馆，故宫是无可替代的。故宫为什么还要用“创新”来守护下一个六百年呢?

高中思想政治学科的核心素养就是要看学生能否运用学科内容应对各种复杂社会生活情境的问题和挑战。同时，学生核心素养落实得怎样和落实到什么程度，需要以具体的真实情境作为执行特定任务和运用学科内容的背景和依托。因此，教师优选了故宫文化创新的具体路径，引导学生通过分析归纳得出文化创新的途径。在此基础上，教师通过一个观点的辨析，引导学生分析思考文化创新的意义，在分析探究中，引导学生明确“唯创新者进，唯创新者强，唯创新者胜”。创新才能赋予文化活力，创新才能使文化富有竞争力。这也是中华文化永葆生命力的原因所在。

“政治生活”模块第二单元第三课中的知识点之一是，我国政府的工作原则是对人民负责，对人民负责有三点表现，即为人民服务的工作态度，求真务实的工作作风，坚持从群众中来到群众中去的工作方法。这三点表现学生很容易记住，但不容易理解。因为生活阅历的关系，学生对什么是为人民服务的工作态度、怎样做就是求真务实等理解起来有困难。为此，教师设置了如下教学情境引导学生分析，加深学生理解。

情境呈现

由“邻避”到“振臂”

材料一：水光潋滟晴方好，山色空濛雨亦奇。欲把西湖比西子，淡妆浓抹总相宜。

——苏东坡

材料二：这些年来，杭州城市在扩大，人口在增加，加之如织的游人，杭州市区垃圾年增长率均超过10%。天堂面临着“垃圾围城”的窘境。长期以来，杭州垃圾处理基本靠填埋。目前杭州最大的垃圾填埋场所，1991年投入使用时标高为30米，如今占地1840亩的填埋场标高已达102米。165米就是上限，预计使用寿命已不足6年。

探究问题1：面对垃圾围城的困境，请你为杭州政府的“破”局支招。

学生讨论。并给出了很多建议。如：

A：实行垃圾分类

B：限制垃圾投放

C：建垃圾焚烧厂

D：城市迁址

……

在此基础上，教师给出了以下情境，引导学生继续分析探究。

材料三：欧盟大部分国家的焚烧处理率高达70%到80%。德国、加拿大等国甚至把埋在地下几十年的垃圾重新挖出来焚烧发电——只要将焚烧炉的烟气温度控制在高于850℃，垃圾焚烧对空气的污染就能降到最低。因此，借鉴欧盟的先进经验，经过反复的调研和专家一次又一次论证，杭州市政府将解困的路径指向垃圾焚烧。

经过反复筛选，专家将新建垃圾焚烧厂的地点定在了余杭区中泰街道的一个废弃的采矿场。

探究问题2：你是否赞同这一做法？政府的解困路径又会遇到什么问题呢？

学生再次热烈讨论，并结合自身的感受来设想政府可能会遇到的问题。

材料四：2014年5月，垃圾焚烧发电厂项目选址定在余杭区中泰，当地居民因担心建设项目对身体健康、环境质量等带来负面影响，发生规模性聚集。少数群众甚至封堵杭徽高速公路及省道，并出现打砸车辆、围攻执法管理人员等违法情况。成为全国关注的“中泰事件”。

探究问题3：面对这种局面，你认为当地政府会怎么办呢？停建？迁址？继续？

学生讨论热烈，各持不同的观点。大部分学生选择迁址。因为学生们认为，垃圾围城这件事对杭州城来说无法避免，所以，只能让附近的居民迁址。但迁到哪里？迁址又会带来很多新的问题……真是一山放出一山拦。在讨论分析中，学生能真实、深刻体会政府决策的不易，从而拉近了政府和公民的关系，激发了学生的责任意识和担当品质。

材料五：省、市政府的主要领导均郑重承诺：“项目在没有征得群众充分理解、支持的情况下一定不开工！没有履行完法定程序一定不开工！”接下来，政府做了以下几件事：

通过调研走访，了解百姓的真正困惑：“硬”担忧：污染环境、影响身体健康；“软”担忧：焚烧垃圾的飞灰影响当地种的茶叶质量。

现场取证，让百姓眼见为实：中泰街道组织了82批、4000多人次、80%的农户代表赴外地考察。带领村民实地观看国内先进的垃圾焚烧发电项目。

用事实说话，为百姓解疑释惑：村民代表来到垃圾焚烧发电厂，每个生产环节都认真看，仔细问。

现场听证会，现场为百姓答疑解惑：在此基础上，政府召开了中泰垃圾焚烧项目答辩会。

村民代表和政府就垃圾存哪里、怎么烧，二噁英和飞灰怎么控制、怎么处理等问题达成共识。

提升群众的获得感：杭州市政府专门给中泰街道拨了1000亩的土地空间指标，用来保障当地产业发展。余杭区政府计划投资20.8亿元，在附近几个村子打造一片城郊休闲“慢村”。此外，区里还投入1.4亿元，为中泰街道实施117项改善生态、生产、生活环境的工程。

后续：记者再次来到“中泰事件”的发生地，但见中泰垃圾焚烧发电厂主体建筑已拔地而起，110米高的烟囱巍巍挺立。垃圾贮坑、污水收集池的轮廓已经基本建成。各种工程车辆不时进出，塔吊设备繁忙运转。整个工程正有条不紊地按计划进行，目前已完成大半。

探究问题4：

（1）该省政府是怎样使垃圾焚烧站建设项目由“邻避”到“振臂”的？

（2）该省政府在这一过程中是怎样贯彻对人民负责原则的？

从上述分析中，我们可以知道，垃圾焚烧站的建立从“邻避”转变为“振臂”，是因为政府工作人员在解决问题的过程中，深入群众，体察民情，尊重民意，真心实意为人民谋利益，坚持为人民服务的工作态度；在这一过程中，少了一些行政命令，多了一些服务意识，提高了工作效率，树立了求真务实的工作作风；通过各种途径了解百姓的真实需求和困惑，诚心实意为群众办实事，尽心竭力解难题，坚持不懈做好事，坚持了从群众中来到群众中去的工作方法，实现了“邻避”到“振臂”的政府和公民“双赢”的效果。

从上面的分析中，我们可以感受到，突破的知识点不同，模块的教学内容不同，案例的选择、情境的设置各有侧重，但是，又有着共同点。即都要符合学生的认知规律，选择符合学生真实生活体验的情境；通过问题链引导学生层层深入探究问题，提升学科能力，培养学科核心素养。

教师在创设学生真实生活体验的情境时要注意这几个问题。首先，要了解时代的特点和当下的热点，理解国家的大政方针，及时了解国际局势的变化。“行至水穷处，坐看云起时。”只有站在高处，才能一览众山小，才能从复杂的热点材料中准确筛选出学生感兴趣且具有引领作用的材料作为情境，才能让情境具有时代感，贴近学生的真实生活。其次，教师要心中有学生，以学生为本，了解学生的真实需求和真实生活环境。只有这样，才能设置出反映学生真实生活体验的教学情境。只有贴近学生的真实生活体验的教学情境才具有活力和生命力，才能对学生产生吸引力。最后，情境设置的目的是提升学生的能力，培养学生的学科核心素养，这是最本质的也是最终的目的。情境只是手段和桥梁，不能把情境作为一堂课的核心，一味追求情境的多样性、新颖性，重点在于通过对情境本身的分析，对学生进行点拨、培养、引领。

为了更好地发挥情境在教学中的作用，教师在呈现情境时还可以采用学生熟悉的语境。如为了便于学生思考和探究共享单车在发展中存在的问题，教师分别设置了“危险的共享单车”“任性的共享单车”“疯狂的共享单车”三个情境。“危险的”“任性的”“疯狂的”这样的词汇是学生熟悉的语境，容易引起学生的兴趣和好奇，吸引学生阅读和探究，同时也将共享单车存在的问题具体分类，一方面，方便学生理解规则制定的必要性，把抽象的理论形象化，晦涩的知识浅显化；另一方面，激发学生“我的城市我做主”的责任意识，培养学生的公民意识、法治意识等学科核心素养。

设置具体的教学情境为学生提供思考的载体，但情境如何设置，用什么样的问题引导学生分析情境，也是教师在情境式教学中要着重考虑的问题。因此，教师在情境设置时要符合中学生的认知规律，设置符合学生认知规律的、逻辑结构严谨的教学环节和问题，让课堂教学环环相扣、层层深入，像“催化剂”一样激发起学生的好奇心，催生学生探寻答案的冲动，在不断探寻真相的过程中思考、感悟、提升，让成长立足于生活。

（1）情境式教学的教学环节要有逻辑性，呈现递进性。中学生的思维特点比较形象和感性，对事物的认识往往停留在事物的表面。基于这样的特点，“规则——迈向社会第一课”整堂课的教学脉络采取了由浅入深、层层深入的方式。即感受规则，感悟规则，维护规则，制定规则。“感受规则”来自学生身边的体验，是形象的、直观的；“感悟规则”则是通过问题的探究、思考，理解规则制定的必要性和重要性，由感性上升到理性，促进思维的深化；“维护规则”则是通过问题的深入思考、讨论、辨别、厘清，引导学生明确怎样才能做到遵守规则，在全社会形成遵守规则的氛围；“制定规则”则是在上述三个环节基础上的更高提升，达到了学以致用的层面，知道了规则、理解了规则，尝试学会制定规则，在制定规则的思考中、问题的解决中更深入地感受规则、理解规则，从而让学生更深层次地懂得规则之必需，培养其规则意识。

（2）课堂教学中学生探究问题的角度设计也要有逻辑性，引导学生从不同的角度思考问题。在“绿色家园，我们共同营造——从参与生活垃圾强制分类做起”一课中，在探究“我国现阶段实行垃圾强制分类的必要性”这个问题时，教师进行了如下设置：

情境呈现：

视频：央视焦点访谈“生活垃圾分类，前端后端齐发力”（20170328）

文本材料：

材料一：报道称，目前，全国城市生活垃圾累计存量已达70亿吨，占用土地100万亩。全国688座城市，除县城外，已有2/3的大中城市陷入垃圾包围中，有1/4城市已没有合适场所堆放垃圾，我国城市每年因垃圾造成的资源损失价值在250亿—300亿元。

以北京为例，有统计显示，按照现在的垃圾产生量和填埋速度，北京市大部分垃圾填埋场将在4到5年内填满封场。仅解决垃圾填埋问题，从2011年到2020年，北京市就需要3200亩土地。

假定2015年北京已经实施分类减量，实现源头分类、厨余垃圾单独处理、可回收资源回收利用，能够使生活垃圾社会管理成本从42.2亿元降至15.3亿元，降低64%。

材料二：如果垃圾处理不当，会污染水体、大气、土壤，危害农业生态，影响环境卫生，传播疾病，危害生态系统。中国人民大学日前发布的《北京市城市生活垃圾焚烧社会成本评估报告》显示“垃圾焚烧每年可能让241人患上癌症，为治病花去14.3亿元”。这就表明，假设2018年有2300万人生活在北京，若继续增建垃圾焚烧厂至11座，将有3779人因此患癌。

探究问题：

结合视频，谈谈我国现阶段为什么要实施垃圾强制分类呢？请从国家和个人任选一个角度分析。要求：做好记录，提炼出关键词，选代表发言。

学生讨论结果如表2－7所示。

表2－7　学生讨论结论汇总

国家层面	个人层面
环境角度：落实可持续发展战略，美化环境，促进生态文明建设	权利角度：有助于减少患病率，维护人的生命健康；对人的环境权（公民享有良好的生活环境和生态环境，拒绝恶化的环境的权利）的尊重，提高人的生活质量
资源角度：回收利用，资源化处理，腾出空间，缓解土地资源的紧张趋势	
成本角度：促进垃圾分类细化，节约成本，造福社会	素养角度：有利于促进形成绿色消费、低碳生活的习惯

在探究“我国如何促进垃圾分类的解决”这个问题时，教师进行了如下设置：

情境呈现：

视频：新闻夜班车“垃圾分类缘何分不清”（资料来源：央视网cctv.com，发布时间：2017年4月23日22：19）

探究问题：

某校初二（1）班学生，在探究石家庄垃圾分类试点新做法怎样才能不“重复昨天的故事”的讨论中，提出如下观点：

观点1：政府作为是关键，因为政府监管、基础设施、资金投入等不到位，会导致垃圾混装运输、垃圾终端处理技术不足等。

观点2：居民的分类意识和行为是关键，因为居民分类意识差，会导致垃圾没有细化分类和投放，给垃圾的中端运输和终端处理带来麻烦。

请从政府、居民角色中，任选一种参与到活动中。

问题1. 我为政府（居民）来代言

——垃圾分类工作付出我最多

问题2. 我为政府（居民）来支招

——垃圾分类工作中还可以更好作为

要求1. 做好两个讨论的要点记录，提炼出关键词，写在纸上。

要求2. 派代表将小组讨论内容贴在黑板的相应位置，并在全班交流。

通过以上两个问题的设置和分析，我们可以看出，在这节课中，教师围绕垃圾分类问题，从为什么要进行垃圾分类和如何促进垃圾分类这两个问题引领学生进行有深度的探究。同时，探究的过程从公民和国家两个层面进行。逻辑清晰，层次分明。这样的情境设置和问题设置，极大地锻炼了学生思维的逻辑性和思考问题的严谨性，极大地提升了学生理性思考问题的能力，提升了思维的品质。

总之，情境式教学是思想政治学科最常用的教学方式。教师可以把大家关注的社会热点或者具有典型意义的社会事件作为教学的载体，既可以引起学生的兴趣，激发学生参与课堂的积极性，也可以师生共同探究问题，创造语境，搭建平台。但教师在创设情境时要注意，要尊重学生的认知规律，贴近学生的生活，能够走近学生的生活、走进学生的内心，让学生真信、真听、真探究，这样才会产生直抵心灵的效果。另外，情境只是教学的载体和为有效教学而搭建的平台，搭建平台是为了更好地呈现问题、解决问题，教师不能为了搭建平台而搭建平台，认为搭建完平台等同于完成了教学内容；或者过度追求情境而轻视教学内容，这些做法都是不可取的。

3. 以活动为载体的活动型课堂教学方式

活动型教学方式使活动成为承载学科内容的重要形式和载体。这需要对应结构化的学科内容，力求提供序列化的活动设计，并贯穿于教学的全过程。

《普通高中思想政治课程标准》人教版（2017 年版）指出，本课程力求构建学科逻辑与实践逻辑、理论知识与生活关切相结合的活动型学科课程。学科内容采取思维活动和社会实践活动等方式呈现，即通过一系列活动及其结构化设计，实现“课程内容活动化”“活动内容课程化”。思想政治学科核心素养的培育，着眼于学生的真实生活和长远发展，使理论观点与生活经验有机结合，让学生在社会实践活动的历练中、在自主辨析的思考中感悟真理，自觉践行社会主义核心价值观。

对于思想政治课中的活动，韩震教授在《从本轮思想政治课程标准修订看德育课程的发展趋势》一文中指出：“知与行是活动，学而思也是活动；讲问题是活动，提问题也是活动；社会实践是活动，课堂教学也是活动；寻求结果是活动，享受探究过程也是活动。”可见，思想政治课上的活动，既包括学生在头脑中完成的无形活动，如记忆、思考、判断、推理等，也包括学生操作客体改变其外部形态的有形活动，如绘画、朗诵、表演等。

思想政治课上的活动多种多样。例如，教师在课堂教学中可以采用“动一动”“看一看”“问一问”“想一想”“议一议”“说一说”“辩一辩”“理一理”“试一试”等形式，这些形式之间有相互交叉的现象。一节课不可能也没有必要进行上述全部活动，根据教学的实际需要选择其中的某一种或某几种即可。活动不一定很大，但要易于操作，利于教学。初中的思想政治课根据学生年龄的特点，可以更多地创设学生的有形活动，让学生在活动中参与、体验、感悟、厘清、选择、判断。如情景剧、角色扮演等。高中的学生更加关注抽象思维，所以思想政治课的活动设计可以选择辩论赛、实地考察、模拟联合国、模拟政协等活动。

在起始年级如高一年级的教学中，为了激发学生对思想政治课的学习兴趣，引导学生养成关注时政、关注国家和社会、关注国际热点问题的良好习惯，培养学生身在校园、心系天下的责任意识和担当品质，培养学生透过现象把握本质的能力，教师可以采用“我说新闻”“新闻会客厅”“时政热点大家评”等活动。活动方式：学生自愿分组，每组4个人，要求组长负责，分工协作。每周课前给学生30分钟的活动时间。评价方式：班级经过自荐和推荐的方式选出评审委员会，制定评分标准，给予每个参与的小组评价和评分，并且把学生参与活动的情况作为平时成绩和期评成绩的组成部分记录到综评系统。评价标准：每个班的评审委员会可以根据自己班的特点和考查的侧重点集体协商制定，制定完成后要在班级公示，请同学发表意见，在综合大家意见的基础上最后成稿。这个过程本身就是公民参与民主决策过程的缩影。通过这样的活动，引导学生理解我国的民主决策、民主协商的表现、实施和意义。这本身就是很好的潜移默化的公民教育。需要提醒注意的问题是，“我说新闻”等活动，如果是在高中进行，侧重点一定在于“看”“评”“议”，引导学生挖掘新闻背后的真问题，新闻背后的党和政府的责任担当，新闻背后的国际关系的变化趋势，新闻背后的公民权利和义务等。通过挖掘分析，提升学生描述与分类、解释与论证、预测与选择、辩证与评价的能力，通过分析讨论、辨别厘清，培育学生的政治认同、科学精神、法治意识和公共参与的核心素养，坚定学生的制度自信、理论自信、道路自信、文化自信，培育和践行社会主义核心价值观，为培养担当民族复兴大任的时代新人筑牢信仰之基。

附：清华附中G13级某班思想政治课时事评论专家评审团评分细则（表2-8）

为了充分调动大家积极思考并参与时事评论，从中得到启迪和教育，同时也为了比赛公平公正，特制定此细则。满分为100分。

一、比赛规则

1. 评论时间不超过5分钟。

2. 一律使用普通话，仪态自然大方，着装校服。

二、评分细则（满分100分）

表2-8　时事评论评分细则表

序号	评论项目	评论要点	得分
1	选题新鲜	1. 材料真实、典型、新颖，事迹感人，实例生动，反映客观事实，具有普遍意义，体现时代精神	20分
		2. 思想内容能紧紧围绕主题，观点正确、鲜明，见解独到，内容充实具体，生动感人	10分
2	语言表达	1. 观点表达准确、流畅、自然	10分
		2. 语言规范，吐字清晰，声音洪亮	10分
3	互动效果	有较强的感染力、吸引力等，能较好地与同学们的感情融合在一起，营造良好的互动效果	20分
4	教育意义	1. 能引起大家的共鸣，积极参与辩论	10分
		2. 能深刻引起大家的思考，具有很好的教育意义	10分
5	综合印象	举止自然得体，有风度，富有感染力	10分

同样，在思想政治课课堂教学中，教师也可以结合教材内容，针对本班学生的特点，精心设计活动，引领教学活动的开展。

“企业的经营与发展”是高中思想政治必修一《经济生活》第二单元第三课的重点知识。这部分内容对学生来说并不难，但书上的理论点如正确的经营战略，依靠科学的管理和自主创新形成竞争优势等词汇，会让学生感觉抽象，不能和现实的具体实际有效对接。所以，教师在分析这部分内容时，最好采用活动型教学方式。让学生走访、调查身边的企业、自己感兴趣的企业、知名度高的企业、老字号企业、创新型小企业等。让他们了解企业是如何运作的、如何了解市场需求、如何根据市场变化来调整自己的发展策略；企业在发展过程中遇到了哪些问题？这些问题中哪些是企业本身的问题，企业自己如何解决；哪些问题是政府的政策造成的，作为公民，我们通过什么方式能让政府关注到这些问题，并采取合适的办法帮企业解决这些问题……因此，“企业的经营与发展”是综合性较强的知识点，可以综合经济生活、政治生活、生活与哲学、文化生活四个模块的内容。不仅如此，学生在调查中，通过企业的发展变化能够感受我国经济发展的宏观情况，激发学生的社会责任意识、市场意识、规则意识等，培养学生的政治认同、法治意识、科学精神等学科核心素养，做到身在校园，心系天下。

为此，针对本课的实际情况，教师采取了议题式活动型教学方式。

议题：百年老字号如何实现成功逆袭，“新新”向荣

目的：学生可自主选择本地有重要影响力的“老字号”进行调查，在调查中了解企业成功经营发展的策略。

调查内容：

1. 本企业的主营业务是什么？企业在现阶段有哪些战略上的调整？

2. 该企业最成功的运作是什么？你认为该企业在发展上还存在的需要改进的地方是什么？

3. 结合该企业的成功运作经验，为其他企业的发展提供 3 条发展建议。

4. 在调查中，你发现了哪些困扰企业发展的问题？请对这些问题进行分类，并尝试为解决这些问题提出合理化的建议或者解决路径。

提供素材：

北冰洋，1936 年创立的国产饮料品牌，一路走来命运多舛。20 世纪 80 年代，北冰洋曾一统京城饮料市场；90 年代，北冰洋公司同外商成立合资公司，北冰洋汽水被分配给“百事—北冰洋饮料有限公司”生产。然而，外资没有给这家“老字号”带来活力。百事在着力将自有碳酸饮料打入中国市场的同时，将北冰洋束之高阁。2011 年，北冰洋重新回归，成为北京一轻控股有限责任公司旗下的主打品牌，北冰洋

品牌经营权终于重新回到中国人手里。这个承载了“老北京”难忘记忆和情感的民族品牌，重新焕发生机。

图2－3 北冰洋品牌图标

图片来源：http：//www.logonews.cn/

2011 年上市的北冰洋汽水年销售量超越了可口可乐和百事可乐玻璃瓶装饮料的总和；2013 年起，北冰洋汽水连续销量同比增长 40%～50%。

回归后的北冰洋在生产经营发展上关注和坚持了以下几点：

特色和品质：为了保证纯正的“老口味”，北冰洋坚持采用传统方式，从长江上游的“大红袍”红橘中萃取橘油，用以制作具有果汁鲜香的饮品。

研发新产品：研发新口味、新品种：枇杷汽水、乌梅汽水和苏打水等产品、大瓷罐酸奶……

创新经营模式：结合电子商务的迅速发展，构建线下连锁实体店，同时开设网店。

享誉全国的老字号品牌稻香村近日在北京开设了第一家自助甜品店稻田日记，乍一看店面清新脱俗，细看又透着低调的奢华感。走到店里最吸睛的要属造型各异颜色诱人的新品甜点了，为了迎合新一代消费者的需求与喜好，店内的甜品不仅保持了自家特色，在口味、款式上融入了创新元素。稻田日记自从试营业以来，进店购买的顾客越来越多，在高峰期顾客甚至需排队 20 分钟才能结账，其火爆程度可想而知。

图 2 -4　稻田日记某门店图

图片来源：吃喝玩乐在北京及网络

59 岁的大白兔奶糖将和 56 岁的美加净跨界合作。两大家喻户晓的上海老字号推出联名款润唇膏——美加净牌大白兔奶糖味！引发一大波网友满满的童年回忆，据传预售 2 秒就被抢光。

图 2 -5　大白兔品牌图标

图片来源：新民网

在年轻化的营销策略中，食品酒水类与化妆品的结合是制造社交媒体刷屏效果的奇招。例如，六神与 RIO 鸡尾酒推出包装、口味都和花露水一样的“六神口味 RIO 鸡尾酒”。虽然颇为猎奇，但还是在社交媒体上掀起不小风波。

图 2 –6　六神口味 RIO 鸡尾酒广告图

图片来源：搜狐网

《经济生活》模块的教学内容绝大部分与学生生活紧密联系，如消费、价格、货币等。所以，教师可以多采用活动型教学方式，通过精心设计活动、设计精品活动来引领学生参与课堂的积极性和探究的乐趣。在分析货币的相关知识时，教师结合当前支付宝支付、微信支付等新支付方式带来的消费便利的现象，尤其是有个别摊贩因图方便而拒绝接受现金支付的社会热点，可以设计下面的活动，引领学生正确认识货币的发展历程，树立正确的金钱观。在分析市场和政府的关系时，可以以“为什么两只手优于一只手”为议题，通过调研某市场或者调查某一产品由热转冷再转热的变化过程，引导学生探究这一过程变化的根源，正确认识市场和政府的关系等。

同样，在必修二《政治生活》模块教学过程中，可以让学生通过考察所在的社区，感受“人民怎样当家作主”；通过走访人大代表，了解其履行职责的做法和经验，探究“怎样看待人大代表的作用”；通过模拟政协等活动参加公共政策的制定，如小区垃圾分类处理等，感受协商民主的魅力，理解“有事好商量，众人的事情由众人商量，是人民民主的真谛”。

活动型教学方式的最大优点在于其活动的吸引力。人的自然性使然，大都喜欢到外面的天地去感受生活，探究问题。所以，活动型教学方式是学生非常欢迎的课型之一。活动型课程也是新课改所倡导的，是符合学生的认知特点和认知规律的。但是，活动本身不是目的，通过活动引领学生发现问题、解决问题，在这一过程中，培养学生的核心素养，才是活动型课程的目的所在。所以，活动不是游览而是课程。活动必须要有主题，有议题，有任务；为了便于管理，还要有分工，有协作，有反馈、考核，可以把学生在活动中的表现作为平时成绩记录到综合评价中。《普通高中思想政治课程标准》人教版（2017 年版）提出，围绕议题展开的活动设计，包括提示学生思考问题的情境、运用资料的方法、共同探究的策略，并提供表达和解释的机会。活动设计应有明确的目标和清晰的线索，统筹议题涉及的主要内容和相关知识，并进行序列化处理。如活动目标、活动过程、考察的问题、活动小组等。因此，活动型课程不论对教师还是对学生来说，都是综合素养要求更高的课程。

活动型教学方式，除了围绕突破教学重难点的活动设计外，还包括走出教室，迈入社会实践活动的大课堂。《普通高中思想政治课程标准》人教版（2017 年版）指出，学科内容的教学与社会实践活动相结合，是活动型学科课程的显著特点。社会实践活动包括志愿服务、社会调查、专题访谈、参观访问以及各种职业体验等。校外社会实践活动为教学提供了更广阔的空间、更丰富的资源、更真实的情境，是实施活动型学科课程的社会大课堂。开展社会实践活动，要从学生的成长需要出发，注重通过乡土资源的开发与利用，丰富教学内容，加深学生对社会的认识与理解。所以，充分把课程资源和社会资源相结合，打造实践类的活动课程，也是政治教师可以大展拳脚的舞台。有些政治教师在学校团委或者学生中心兼职，设计了很多学生的志愿服务等活动。这些活动都可以成为我们思想政治学科开放型社会实践活动课的好素材。如“志愿服务”利用“互联网＋”平台等广泛的社会资源发布志愿者项目，开展校内外志愿服务活动，如校内讲解校园文化、担任图书馆管理员等，校外走进社区、走进医院、走进公司等。学生在作为志愿者的过程中不断提升自己的能力和见识；通过“生涯规划”“职业体验”构建校内和校外两个维度下的职业体验活动型课程内容，校内职业体验基于校本课程的开发，如模拟联合国、JA 商学院等职业体验课程，课外的职业体验主要是走上校外的真实岗位进行体验学习，主要包括走进政府机关、走进高新技术产业园、走进职业院校等，使学生深入了解其工作，获得直接的学习经验，促进培养学生知行合一的综合素养，引导学生树立正确的价值观、职业观和人生观。

在 2009 年 3 月召开的学校思想政治理论课教师座谈会上，习近平总书记深情地回忆其上初中时的情景，一位政治课老师在讲授焦裕禄的事迹时数度哽咽，给同学们带来巨大的心灵震撼。习近平总书记说：“这节课在我的一生中留下深刻印记，对我树立坚定的理想信念也有很重要的影响。”触动心灵的教育才是最成功的教育。思想政治课教师在课堂上要注重积极价值引领，引导学生把爱国情、强国志、报国行自觉融入坚持和发展中国特色社会主义事业、建设社会主义现代化强国、实现中华民族伟大复兴的奋斗之中。不仅如此，思想政治课还要通过辨析—厘清—判断—选择的路径，培养学生的政治认同、科学精神、法治意识和公共参与的核心素养。

4. 侧重知识分析的讲授型课堂教学方式

讲授法是指教师通过口头语言直接向学生系统连贯地传授知识的方法。从教师教的角度来说，讲授法是教学方式中一种最常规的教学手段；从学生学的角度来说，讲授法是一种在教师主导下探究、理解知识的学习方式。在这一教学方式主导的教学过程中，师生之间有更多思想的交流，教师要精心选择案例、设置问题引导学生思考、探索，获得知识、提升能力；学生要主动参与教学过程，主动、深入思考，借助教师的引导去攀登知识的高峰。

很多人可能认为在互联网时代的今天，讲授法应该退出历史舞台了，我对此持保留意见。我认为无论是师生共同探究，还是学生的自主探究；无论是讲授法还是活动型，改变的都是获得知识的方式。每个教学方式都有各自的特点和优势。当遇到一些学生理解困难、区分困难的学科知识时，讲授法是一种不错的教学方式。

下面以人教版必修一《经济生活》中的市场概念的分析为例，介绍教师通过讲授的方式突破学科核心概念的做法与尝试。

（1）分析学科核心概念型的讲授式教学。

1）选择和确定核心概念的依据。

为什么选择“市场”这个概念作为学科核心概念呢？在《经济生活》模块中基础概念很多，如价格、消费、生产、分配、市场等。之所以以把握市场概念为重点，是基于以下原因的考虑。

首先是学生学习过程中实际需要决定的。新的政治课程标准秉承以学生发展为本的理念，强调学生是学习的主体，强调关注学生的学习需求。关注学生的学习需求，就要找到困扰学生学习的真问题。下面以一题为例来予以说明。

一台电脑由数以万计的人参与制造，他们当中大多数互不相识，让电脑得以形成的无数行为更没有任何人规定或指挥。从电脑的制造中可以看出（　　）

A. 企业联合能提高资源利用效率

B. 社会分工促进了生产效率提高

C. 市场对资源配置起基础性作用

D. 社会道德在市场中起支配作用

试题分析：从这道题的题干中我们可以看出，电脑的制造是数以万计的互不认识的人在没有任何人规定或指挥下完成的。“没有任何人规定或指挥”体现了市场配置资源是在价值规律的自发调节下完成的。因此，本题的答案为 C 选项。

在做这道题的过程中，很多学生误选了 A 选项或者 B 选项，这说明学生并不真正理解市场配置资源是自发调节，即所谓的“看不见的手”在调节资源。正如斯密在《国富论》中所说：“……人差不多总有机会去获得他的兄弟们的帮助，然而只是期望从他们的善意去获得这种帮助，那是徒劳的。但是他如果能激起他们的利己心，使之倾向于他，并向他们表明，正是为了他们本身的利益才去做他所求他们为他要做的事情，那他就很可能达到目的。……我们不能期望从屠夫、酿酒师和面包师的慈善心中得到我们的晚餐，而是从他们关怀他们自己的利益去得到。”（《国富论》，第 1 卷，第 26 页）说到底，一句话，学生对市场概念的把握不到位、理解不透彻是导致这道题出错的最主要原因。

那么，学生认知中的市场是什么呢？为此，我在自己所教的班内（共 75 个学生）进行了一次问卷调查。

你所理解的《经济生活》模块中的市场概念是（可以多选）

A. 商品交换的场所

B. 无形的手

C. 通过价格涨落比较及时、准确、灵活地反映市场供求变化，传递供求信息，实现资源配置

D. 在资源配置中起决定性作用

E. 商品交换关系的总和

F. 其他________________

这次调查共发放试卷 75 份，收回有效试卷 70 份。根据收回的有效试卷进行的统计结果如图 2－7 所示：

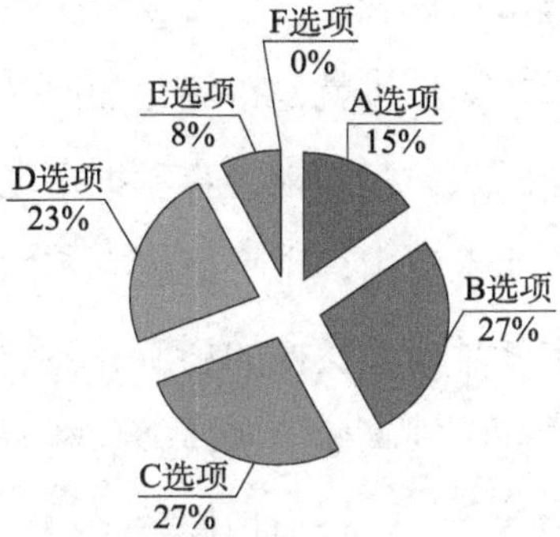

图 2－7　调查问卷统计结果

根据统计数据的结果可以看出，学生对市场概念的把握很模糊，表现在把市场的含义、市场的作用、市场机制、市场配置资源的优点等概念混同。这个问题导致了学生在做题过程中失分严重。

其次，是学生更好地理解《经济生活》模块教材的需要。经济学主要研究资源配置问题，资源配置的基本手段是计划和市场。我国现阶段采用的是市场经济体制，即市场在资源配置中起决定性作用。由此，我们可以得出这样的结论，在《经济生活》模块中，市场概念是最基本的、最重要的概念之一。学生理解并准确把握市场概念对深化《经济生活》模块教学有着重要作用。

如《经济生活》第一单元是讲消费问题，而市场秩序是影响消费的因素之一。《经济生活》第二单元是讲生产问题，无论是企业生产还是劳动者就业都要面向市场、考虑市场的需求、树立市场观念；《经济生活》第三单元是讲分配问题，个人工资的制定根据的是劳动力的市场价格，政府的财政分配和税收调整都要尊重市场规律；《经济生活》第四单元是讲交换问题，讲了国内市场和国际市场，本身就是市场问题。由此可见，如果市场概念理解不到位，就会影响学生对《经济生活》教材的整体把握。

最后，在于帮助学生更好地理解现实生活、理论联系实际的需要。

科学地且多角度地把握市场概念，可以帮助学生更好地把书本知识和现实生活联系起来。所谓市场经济就是市场化的商品经济，学生对商品特别熟悉，但对市场概念的认识很局限，容易把市场的含义与市场的作用等混同。实际上，在现实生活中，市场概念有不同的内涵。我们到超市去买东西，这里的超市就是商品交换的场所；我们在网上购物，这里的市场就是买卖关系；我们听到媒体上所谈到的政府和市场的关系，这里的市场就是资源配置的方式。综合地把握市场概念可以帮助学生更好地理解我国的经济政策。党的十五大以来，我们党一直在根据实践不断地拓展和深化，努力寻找新的科学定位，不断深化对政府和市场关系的认识，见表2-9。

表2-9　十五大以来中国共产党对不断完善社会主义市场经济体制的探索

党的十五大	使市场在国家宏观调控下对资源配置起基础性作用
党的十六大	在更大程度上发挥市场在资源配置中的基础性作用
党的十七大	从制度上更好发挥市场在资源配置中的基础性作用
党的十八大	更大程度、更广范围发挥市场在资源配置中的基础性作用
党的十八届三中全会	市场在资源配置中起决定性作用
党的十九大	建设现代化经济体系，要让市场在资源配置中发挥决定性作用，更好发挥政府作用

党为什么要不断深化对政府和市场关系的认识，为什么要不断调整市场的地位呢？学生只有从概念上科学理解了市场的含义，才有可能真正理解国家的政策。

综上所述，《经济生活》中市场概念是核心概念，是关键概念，是牵一发动全身的概念。这样的概念因其本身的抽象性和复杂性，使得教师引导突破比让学生自己去看书探究的效果更好。所以，对市场概念，我们主要采用教师主导型的讲授法。

那么，在《经济生活》模块的教学中应该如何引导学生准确理解定位市场概念呢？

2）课堂教学中突破核心概念的策略。

第一，教师在教学中设置典型的概念范例帮助学生了解概念。

范例指能够代表概念的典型事例，提供适当范例有助于学生掌握概念的主要特征，明白概念是什么，同时通过反例让学生明白概念不是什么，从而可以更好地把握概念。教师在分析市场是调节资源的手段这一内涵时，可以采用漫画的方式进行分析，如图2－8。

图2－8　钢材的困惑

教师提出问题：

①这些钢材能否满足这些人的所有愿望？为什么？这说明什么经济问题？

②你认为这些钢材的配置应该听谁的？并说明理由。

教师提出这两个问题，引导学生在讨论探究中明确三个道理：第一，资源相对于人的需要来说是有限的，因此，资源需要配置。第二，计划和市场调节都是资源配置的基本手段。第三，市场配置资源是通过价格涨落以及供求的变化来实现的，市场好像是一只“看不见的手”引导着商品生产者、经营者，调节人、财、物在全社会配置。

通过这样的范例教学，一方面，使学生明白了市场配置资源的典型特点，即通过价格、供求、竞争自发调节；另一方面，通过对比，能使学生把市场和计划调节资源的方式准确地区分开来。

第二，教师可以编排不同的语境引导学生加深理解概念。

语言学家吕叔湘先生所说："词语要嵌在上下文里头才有生命，才容易记住，才知道用法。"由此可见，语境教学可使学生通过语境更加深刻地理解概念的不同内涵。《经济生活》模块中，市场概念在不同语境下有不同的内涵，为了让学生准确地理解市场概念的内涵，教师可以编排不同的语境，让学生在具体的语境中感悟，加深对市场概念的理解。例如：

① 小明在自家小区附近的菜市场购买了一个西瓜。（商品交换的场所）

② 小明在"双十一"电商节从京东商城买到了自己喜欢的 5 本图书。（这里的市场是指商品交换关系的总和）

③ 佳美口腔通过自己的移动网站，建立了用户在线与医生沟通、咨询、预约等服务。医院则通过网络看到了消费者在网上对佳美口腔的各种评价。（这里的市场是指有购买力的需求）

④ 十二届全国人大一次会议闭幕会上，国务院总理李克强在与中外记者见面并回答记者提问时曾指出："不是说政府有错位的问题吗？那就把错装在政府身上的手换成市场的手。这是削权，是自我革命，会很痛，甚至有割腕的感觉，但这是发展的需要，是人民的愿望。我们要有壮士断腕的决心，言出必行，说到做到，绝不明放暗不放，避重就轻，更不能搞变相游戏。"（这里的市场是指资源配置的方式）

⑤ 习近平总书记指出，要坚持社会主义市场经济改革方向，搞好顶层设计，及时推出一些有针对性的改革措施，坚持整体渐进和局部突破相结合，大胆探索，务求实效。——选自 2012 年 11 月 30 日中共中央在中南海召开党外人士座谈会上发表的重要讲话。（这里的社会主义市场经济是指经济体制）

教师设置不同的语境，为学生创设了理解和把握市场概念的具体环境，提升了学生理解和把握市场概念的深度和广度。

第三，教师可以选择有针对性的试题加强练习，让学生在具体的语境中运用概念。

学习金字塔最早是由美国学者、著名的学习专家爱德加·戴尔1946年首先发现并提出的。它是美国缅因州的国家训练实验室的研究成果，它用数字形式形象显示出采用不同的学习方式，学习者在两周以后还能记住内容（平均学习保持率）的多少。

这一理论提出，从塔尖开始，第一种学习方式——“听讲”，也就是老师在上面说，学生在下面听，这种我们最熟悉最常用的方式，学习效果却是最低的，两周以后学习的内容只能留下5%。第二种，通过“阅读”方式学到的内容，可以保留10%。第三种，用“声音、图片”的方式学习，记住的内容可以达到20%。第四种，是“示范”，采用这种学习方式，可以记住30%。第五种，“小组讨论”，可以记住50%的内容。第六种，“做中学”或“实际演练”，记住的内容可以达到75%。最后一种，在金字塔基座位置的学习方式，是“教别人”或者“马上应用”，可以记住90%的学习内容。

爱德加·戴尔提出，学习效果在30%以下的几种传统方式，都是个人学习或被动学习；而学习效果在50%以上的，都是团队学习、主动学习和参与式学习。

因此，为了强化学生对市场概念的理解和把握，教师要在课堂上拿出一定的时间、精选一定的典型例题，让学生在练习中学习，在小组合作探究中学习。学生每使用一次概念或在新的丰富的情境中遇到同一概念，也就是概念的每一次具体化，都会使对概念的理解进一步丰富和深化，运用概念于实际就是这种概念具体化的过程。

如教师在分析市场配置资源时可采用如下例题。

（2014年高考北京卷38题）地铁作为流动的博物馆，被称为城市“最有价值的隐藏”。

材料：　破解北京地铁的供需矛盾，不仅需要解决地铁票价的合理性问题，更在于任何加大地铁的建设力度。地铁4号线采用PPP（Public－Private Partnership）模式建设。在该模式下，政府通过市场化手段，引入某公司负责4号线的一部分投资和后期运营。这种模式为加大地铁建设力度提供了新思路，既拓宽了民间资本的投资领域，也使政府从地铁投资者和间接经营者变为部分投资者和监管者。

结合材料，运用《经济生活》相关知识，说明传统上由政府财政投资兴建地铁，现在为什么要通过市场化引入民间资本。

试题分析：本题以四号线开通为背景，考查政府和市场在资源配置中各自的作用，说明在资源配置中要处理好政府和市场这两种基本手段的关系。学生在组织这道题的答案时，首先，要明确在这样的语境下，市场的内涵是什么；其次，还要明白市场为什么可以引入民间资本以及引入民间资本的意义；最后，说明在发展社会主义经济过程中，应该如何处理好政府和市场的关系。本题对学生的知识理解要求比较高，用这样典型的例题在课堂上练习，一方面可以使学生在练习、讨论、对比中加深对知识认识的广度和深度；另一方面也可以在小组的合作探究中提升对知识的理解和运用。通过这样的课堂探究活动，有助于把抽象的概念具体化。

第四，引导学生准确定位概念在模块课程标准中的地位。

课程标准是国家课程的基本纲领性文件，是国家对基础教育课程的基本规范和质量要求，是教材编写、教学、评估和考试命题的依据，是国家管理和评价课程的基础。它体现国家对不同阶段的学生在知识与技能，过程与方法，情感、态度与价值观等方面的基本要求，规定各门课程的性质、目标、内容框架，提出教学和评价建议。因此，教师在分析市场概念时首先要明确课程标准的要求。因为市场概念是贯穿《经济生活》模块全书的核心概念之一，每个单元都有市场概念，这里就以第四单元为例予以说明。

《经济生活》第四单元的课程标准要求是：阐释市场是配置资源的

基础，分析用法律和道德规范市场秩序的重要性，阐明发展社会主义市场经济的意义。要求学生能够准确理解市场的含义以及规范市场秩序的手段，从而把握在我国现阶段发展社会主义市场经济的意义。由此可见，课程标准对市场的概念的内涵从狭义、广义和配置资源的方式三个角度作了说明。这就为教师在教学中准确把握市场概念明确了目标和方向。

第五，明确概念在《经济生活》单元、课和框题中的地位。

明白课程标准的要求是教师分析市场概念的最基本的要求，同时，教师要分析清楚市场概念的内涵，还要把市场概念放在《经济生活》模块的单元、课、框题中去把握，引导学生明确市场概念和本单元、本课、本框题中相关概念和原理之间的内在联系。下面以第四单元为例予以说明。

第四单元“发展社会主义市场经济”，社会主义市场经济的上位概念是市场经济，所以，要讲社会主义市场经济首先要介绍市场经济的特点，然后再说明社会主义市场经济的特色，即坚持公有制的主体地位，以共同富裕为根本目标；能够实行强有力的宏观调控。市场经济的下位概念是市场秩序，因为公平、公正的市场秩序，统一开放、竞争有序的现代市场体系，是市场在资源配置中起决定性作用的基础。市场秩序的下位概念是市场规则，因为良好的市场秩序依赖公平、开放、透明的市场规则来维护。所以，阐释市场经济就要分析市场秩序，分析市场秩序就要讲清市场规则。而发展社会主义市场经济就要有目标、主题和主线，需要利用两种市场、两种资源，这就需要面对经济全球化的客观趋势，实行对外开放的基本国策，全面提高开放型经济水平。因此，第四单元社会主义市场经济围绕核心概念“市场”共设置了三课，第九课“走进社会主义市场经济”；第十课“科学发展观和小康社会的经济建设”；第十一课“经济全球化和对外开放”。

第六，引导学生厘清其与相近概念间的关系。

根据《现代汉语规范词典》，“厘”除了大家熟悉的作为计量单位外，还有一个意思，就是作为动词，有“整理、治理”的意思。因此“厘清”就是“整理清楚”的意思。概念是对事物本质属性的反映。对概念的理解程度，标志着对事物认识的深度。因此，教师要分析清楚市场概念的内涵，还要注意厘清与市场相近概念的关系。

比如，市场和价格的关系。价格是市场配置资源的方式之一，价格信号也是市场规律发生作用的表现形式。所以，价格是市场的表现方式。

比如，市场和计划的关系。计划和市场都是资源配置的基本手段。但二者配置资源的方式不同，计划配置资源的方式是有形的，被称为“看得见的手”，可以通过经济政策、经济计划等；市场配置资源是无形的，自发的，是在价值规律自发调节下进行的。被称为“看不见的手”。

因此，引导学生准确分析理解学科的核心概念，对教师个人的专业素养要求很高。既需要扎实的专业功底，也需要相对广博的知识素养，这样既能做到宏观布局，又能进行微观分析。

（2）高三试卷讲评型的讲授式教学。

高三教学约有三分之一或者更多的课堂时间都是在试卷讲评中度过的，试卷讲评课的效果怎样，直接影响着高三教学的质量。高三的试卷，尤其是区等上级机构的模拟试卷，试题知识跨度大，思维层次深，对学生的综合素质要求高。而且高三试题本身也渗透着引领学生揣摩未来高考题的倾向。对这样的试题，教师可以通过主导型的讲授法，高屋建瓴地解读试卷，架构知识体系，引领答题方法。在此基础上，引导学生自我探究发现问题、解决问题。因此，高三的试卷讲评课，我一般会采取以教师为主导的讲授型的教学方式，并采取以下几个步骤进行教学。

1）发现真问题，提高讲评课的针对性和实效性。试卷讲评是为了通过试卷的分析引导学生明确问题、发现问题、解决问题。达到举一反三的目的，为学生赢得高考奠定基础和信心。同时，学生在答卷中暴露出来的问题恰恰也反映出教师教学中存在的问题，因此，教师分析问题既要分析学生存在的问题，也要分析自身教学中存在的问题。如何准确、科学地认识这两方面的问题呢？教师应该对考试情况进行数据的统计分析，尤其是客观题，力求对每道小题得失分率进行统计。这样做的意义至少有二：其一是确定讲评课的重点。失分率低的题目可略讲，重点讲解分析普遍做错的题目，规避讲评过程中“胡子眉毛一起抓”；其二是反馈学生对知识能力点的掌握情况，及时调整课堂复习的侧重点，为下一阶段的查漏补缺工作打基础。为此，我建立了《高三政治综合测试汇总分析表》，在每次考后对试卷进行数据的统计和分析，内容除了包括常规的平均分，最高分、最低分，及格率、优秀率、低分率之外，还统计每题每班得分率，以及错误较多的题目学生集中选了哪个选项。最后根据数据的统计结果，分析导致学生失分的根源在哪里。

以下是我对高三某班学生试卷情况的统计和分析。

第一步：总体情况统计、分析与解决对策，见表 2－10。

数据统计：

表 2－10　考试成绩总分统计表

人数	100 分～90 分	89 分～85 分	84 分～80 分	79 分～70 分	69 分以下	平均分	优秀率%
54	3	21	20	10	0	84.3	44.4

数据分析：

优势：该班学生的优秀率将近 50%，说明学生基础知识理解掌握得好，具备了良好的解决能力，能够恰当运用所学知识分析新的具体情境。

不足：90 分以上的仅有 3 人，说明这个班的高分段学生人数少，所占比例低。

解决对策：

前一阶段的复习策略恰当、正确、有效，要从总体上继续保持。针对尖子生比例偏少的现象，从教师的角度，课上可以侧重于学科知识的整合，关注知识间的内在联系，试题分析上加强逻辑性、综合性的训练；从学生层面，可以成立学科学习小组，让学生通过同伴互助的方式，相互启发、相互促进、共同提高。

第二步：客观题答题情况的统计、分析和解决对策，见表 2－11、表 2－12。

数据统计：

表 2－11 选择题统计表

人数	50 分（满分）	48 分	46 分	44 分	42 分	40 分	38 分	38 以下	平均分
54	2	12	10	14	10	4	1	1	44.5

注：客观题每道题 2 分，满分 50 分。

数据分析：

客观题侧重于对学生基础知识准确理解的考查。从平均分来看，该班的基础知识掌握比较扎实，其中有 7 道题的错误率为 0，这更加证明该班学生平时学习氛围的严谨扎实。

重点错题统计：

表 2－12 选择典型题错题统计表

题号	标准答案	统计人数	选 A 人数	选 B 人数	选 C 人数	选 D 人数	错误率
2	B	54	（6）11.1%	（28）51.9%	（1）1.9%	（19）35.2%	（26）48.1%
4	B	54	（0）0.0%	（36）66.7%	（0）0.0%	（18）33.3%	（18）33.3%

错因分析：（以第2题为例）

2. 政府部门不断加大政务公开的力度，这样做

① 目的是加强党的廉政建设 ② 可以使公民更好地参与社会管理

③ 是贯彻落实民主集中制原则 ④ 可以推动社会公平和正义的实现

A. ①②③ B. ②③④ C. ①③ D. ②④

分析： 19个学生选择D说明对民主集中制原则的理解不精准；6个学生选择A说明其对党的知识和政府的知识有所混淆，既有审题的问题，也有易混知识点掌握不到位的问题。

解决对策：

上述错题的成因，既有学生基础知识掌握不够扎实的问题，也有解题能力的常规训练不到位的问题。针对以上问题，从教师层面，加强区分易混知识点的引导和训练，重视审题规范的要求；从学生层面，养成规范审题的意识和习惯；根据平时的错题，查找总结自己的易错知识点。

第三步：主观题答题统计、分析和解决对策，见表2－13。

数据统计：

表2－13 主观题统计表

题目	26	27	28	29	30		31	
					（1）	（2）	（1）	（2）
满分	8分	8分	6分	6分	6分	6分	6分	6分

主要问题分析：（以第26题为例）

26. 在第29届夏季奥运会上，中国代表团以51枚金牌、100枚铜牌高居金牌榜首，彰显了一个体育大国的实力。但从另一方面看，中国还不是一个体育强国，体育强国的判断标准，不是看奖牌榜上有几枚金牌，而是看整体国民的普遍身体素质和体育运动水平。要想真正成为体育强国，我们需要把更多精力花在全民体育上……

运用政治常识的有关知识，谈谈我国由“体育大国”向“体育强国”的转变过程中，政府应发挥怎样的作用？

此题属于演绎类型的题，从卷面情况看，大部分学生答案包括三部分：政府的性质、原则、职能。而实际上此题重点考查政府职能的知识点。那为什么学生会从三个方面不厌其烦地进行表述呢？原因有两个方面：一是说明学生对政府这一知识体系掌握比较好，所以，在考试比较短的时间内，能很快地呈现出来；二是说明学生在审设问上，功夫不到。没有从根本上审清设问，读懂问题，不明白政府怎样发挥作用和发挥怎样的作用这两种设问的区别到底是什么。看到政府的问题，不管问什么，把自己会的知识点全部堆砌上。

解决对策：

从教师层面，在平时对学生进行主观题训练中，关注引导学生区分相似问题的不同问法；加强变形题训练，尤其是针对同一情境，同一知识体系的不同问法；从学生层面，要关注对设问的精准解读。

总之，借助数据统计，发现、分析学生的学习问题和教师的教学问题，尤其是真问题和重点问题，才能采取有针对性的措施有效地解决问题，提高试卷讲评课的效果。

2）精心设计科学合理的标准化教学环节。也许有人认为，高三的试卷讲评课，只要教师讲清楚就行了，因此在教学方式和教学流程上很少花心思设计。诚然，在高三的试卷讲评课中，教师讲什么确实很重要，但好的内容只有通过好的方式展示出来才会收到更好的效果。而且，标准化的流程因其科学性、规范性而让课堂更加规范和高效。笔者根据学生的认知特点和高三教学的特殊性，结合多年的教学实践，提炼总结出如图 2－9 所示的课堂教学环节。

3）采取任务驱动，充分发挥学生的主体作用。在高三试卷讲评课上，笔者发现针对试卷存在的问题，学生之间通过相互讨论，可自行解决大部分，而且学生之间有相同的思考问题的方式，他们之间彼此探

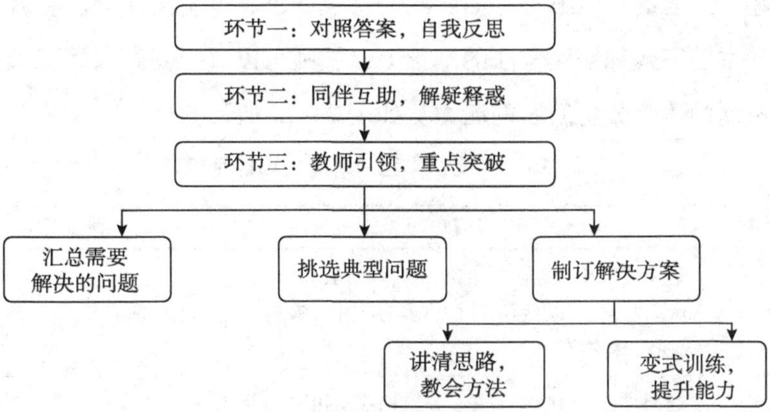

图 2－9　高三试卷分析课教学流程图

究、启发、分析和解决问题，比老师分析的效果更好，记忆更深刻。因此，在试卷分析课上，教师可以通过任务驱动，让学生之间相互配合，互相启发，分享学习成果，充分发挥学生的主体作用。教师只需要对一些难度较大的问题和学生集中出现问题的题目进行分析即可。那么，在"同伴互助，解疑释惑"这一环节的教学中，教师应该给学生布置怎样的任务驱动他们互助解决问题呢，见表 2－14。

表 2－14　学生自我诊断任务书

步骤	任　务
1	对照答案，还原考试的思维过程，自我独立改错
2	小组同伴互助，将自己经过独立思考后仍然不会的问题和同学一起讨论。在解决问题中找到自己存在的真问题
3	回归教材，将某个错误的知识点或者反复错误的知识点，结合教材内容，强化记忆，加深理解；在此基础上，复习和这个知识点相关的知识体系，以点带面，夯实基础
4	在核心知识跟踪卡上记录错点，以便今后复习时查漏补缺

4）重视引领，充分发挥教师的主导作用。师者，传道授业解惑者也。授业，既要授人以鱼也要授人以渔。我认为，授人以鱼是教学的第一重境界。教师要帮助学生构建合理、优化的知识结构，尤其是教会学

生审题、解题的基本方法、如解题的常规要求、逻辑层次等。在教会学生最基本的审题和解题方法的基础上，教师可以进行变式训练，锻炼学生从不同的角度分析问题的能力。如表 2－15 所示。

表 2－15　主观题典型例题变式训练呈现表

方式	问题	考查知识
原设问	运用政治常识的有关知识，谈谈我国由“体育大国”向“体育强国”的转变过程中，政府应发挥怎样的作用?	政府的职能
变式一	运用政治常识的有关知识，谈谈我国由“体育大国”向“体育强国”的转变过程中，政府应怎样发挥作用?	政府的性质、职能、原则
变式二	运用政治常识的有关知识，谈谈我国由“体育大国”向“体育强国”的转变过程中，政府应怎样更好地发挥作用?	贯彻以人为本的理念；坚持党的领导；接受监督；政府的性质、职能、原则

通过这种讲评方式，学生突破了原有试题的理论、逻辑、角度等方面的限制，在更细微之处探究同类题型、同类知识点在运用上的细微差别，既掌握最一般的审题解题办法，又能在一般规律的指导下分析各种不同现象之间的差别，针对不同的具体问题运用不同的知识达到学以致用。同时又学会变通，根据具体情境灵活调取所学知识，达到用以致学。

总之，科学合理的学习方法是打开成功之门的钥匙。教师要通过授人以鱼，教会学生思考问题的方法，引导学生在学习中学会学习，在思考中学会思考。因此，授人以鱼是授人以渔的前提，教师要引导学生在掌握了一系列的捕鱼方法之后，进一步把方法融会贯通，进行归纳、分析、综合、整理，经过“去粗取精、去伪存真、由此及彼、由表及里”的加工制作，自己归纳出对审题和解题等共性问题的规律性学习方法，不断创造出新的方法，培养举一反三、融会贯通的品质和能力，培养结合新情境解决新问题的创新精神和创新能力。

5. 凸显积极价值引领的教学方式

凸显价值引领的活动型课程需要采用积极价值引领、高效的活动学习路径，将价值观渗透进适当模式的活动中，学生在参与活动时能够自觉地去体会、感悟、甄别、养成，从而达到“润物细无声”的境界。

凸显积极价值引领型的教学又可分为以下几个类型：

“辨析式讨论”：通过“两难”问题的辨析，提升学生的辨析能力；在辨析中自我生成对国家政策的思考，引领学生加强对政策的理解和认同。

“角色化扮演”：可采取“模拟法庭”“模拟政协”等，通过角色体验，让学生体会法律的威严，感悟法律对人民对国家发展的意义。

“时政类研讨”：引入新鲜时政题材，引发学生热议，启发学生深层次思考。

“作品赏析创作”：可通过民族文化赏析、文化作品创作等活动让学生感悟中华文化的魅力，进而树立文化自信等。

在现实生活中，每个人都明白只有遵守规则社会才能和谐的道理。但在实际生活中，还存在“中国式过马路”“考试作弊”“食品造假”等若干违反规则的现象，这说明《遵守社会规则》的教学难点在于如何树立规则意识，让规则意识内化于心，外化于行。为此，教师通过角色扮演、换位思考的教学方式，引导学生了解、探究导致规则难执行的因素，并找到合理的解决办法。具体操作如下：

情境呈现：

2018 年 1 月 5 日，由蚌埠南开往广州南站的 G1747 次列车在合肥站停站办理客运业务时，一名带着孩子的女性旅客以等丈夫为由，用身体强行阻挡车门关闭，铁路工作人员和乘客多次劝解，该女子多番强调自己丈夫“只要 10 秒钟”就到了、“等家人是自己的权利和自由”，并要求列车员通知检票员放行其爱人，最终造成该列车晚点发车。

探究问题1：请分别从同车乘客、乘警、家人、旁观者角度评价“她”的行为。

探究问题1设置的目的分析：教师一开始就给学生设置了具体的角色，学生就会根据这个角色去思考问题，在分析过程中，教师引导学生明白，不管是什么角色，跟当事人是什么关系，在规则面前，我们都有一个共同的身份，即规则的遵守者和守护者，只有站在规则的角度，我们才会不受任何利益的限制，才能做出正确的评价。通过问题1的探讨，引导学生理清影响规则执行难的根本因素：考虑问题的出发点。要遵守规则就要正确处理个人利益和集体、国家利益的关系，以人民的根本利益为根本立足点。

情境呈现：“堵车门”当事人背景。

该女性乘客为合肥市某著名小学教导处副主任，是从教11年的小学语文高级教师。2009年所带班级荣获区级优秀中队，2010年被评为区级德育先进个人，2011年被评为区级优秀班主任。

据调查，该女子当天和丈夫带女儿去广州参加第二天的比赛，这趟列车是当天发往广州的最后一趟车。当时一家三口因为出发晚了，到车站时，已经停止检票了，但因为闸门没来得及关上，所以，母女俩先进站上车了，重要证件和行李都在丈夫处。而丈夫因为带的东西多，走得慢，被关闸门的工作人员拦下。这才发生了“堵车门”事件。

探究问题2：为什么“她”会有这样的行为？

探究问题2设置的目的分析：作为引导学生遵守践行规则的教师，为什么自己却不遵守规则呢？导致这个结局的原因多种多样：可能是她平时轻视规则，“堵门”事件只是她平时行为的一个缩影；也可能当时因为过于着急，不理性情绪主导导致的后果……

通过对上述问题的探究分析，让学生懂得导致不遵守规则的因素之一在于个人的素养。所以，遵守规则需要做到自律，从我做起，养成良好习惯，善于管理情绪，常怀敬畏之心等。

探究问题3：假如你是该女士的同车人，当时面对“她”的行为，你会选择……

劝其改签；站在女子的角度帮腔；呵斥该女子的行为；围观、拍照、上传网络。

探究问题3设置的目的分析：教师引导学生换位思考，站在其同车人的角度思考，面对不守规则的人或事该如何做。通过分析探究，学生们懂得遵守规则不仅要自律，还需要他律，我们要学会做规则的维护者，同时还要提醒、督促、帮助他人遵守规则。

教育的最大价值在于教会学生一种恰当的思维方法和解决问题的能力。在上述分析中，教师通过设置贴近学生认知规律的问题，引导学生分析现象—归纳本质—探究归因—明确对策，在问题的引领下，学生在思考、探究、讨论中提升了透过现象看本质以及思维的层次性和深刻性等能力和思维品质。

胡云琬先生曾说：“情感态度价值观教育是一种深入心灵的教育，不可硬性灌输，也不可独立传授。情感的形成需要经历感知—内化—升华—实践复杂的过程，必须采用科学的情感教育方法予以渗透和熏陶。”在上述分析中，教师通过角色扮演等方法，引导学生体会价值冲突，体会价值选择之难，多维度探究解决情感体验和价值观的冲突，从而引导学生学会理性地认识问题，树立了法治意识和责任担当，凝练学科核心素养，实现学生正能量的情感体验，让学生在体验生活中成长。

变革创新是推动人类社会向前发展的根本动力。谁排斥变革，谁拒绝创新，谁就会落后于时代，谁就会被历史淘汰。中国特色社会主义进入新时代，我国各方面的发展也进入了新时代。面对新问题，满足新需求，必须贯彻创新发展理念，坚持创新发展，必须把创新摆在国家发展全局的核心位置，让创新贯穿党和国家的一切工作，让创新在全社会蔚然成风。因此，如何树立学生的创新意识，如何引导学生正确认识核心技术的自主研发创新等就成为思想政治课教师要引导学生学会做出的正确价值判断和价值选择。

我在教学《创新·未来》一课时，为了引领学生认识、探究自主创新的重要性，认识自主创新遇到的问题和如何解决这些问题，结合具体的教学情境和问题，引导学生进行价值的厘清，带领学生正确地认识国家在自主创新中遇到的问题和困难，了解我国是如何解决这些困难的，从而使学生正确理解“核心技术是国之重器，必须牢牢掌握在自己手里”这句话的深刻内涵和现实意义。下面精选这节课的片段和大家一起分享。

教师导入：改革开放以来，尤其是近五年来，我国的科学技术取得了巨大的发展。经历了从跟随、学习到融入，逐渐到领跑的发展过程。在科学创新上，我国与发达国家还存在哪些差距呢？

情境呈现：

情境一：2017年8月25日，中共中央政治局常委、国务院总理李克强主持召开推动制造强国建设、持续推进经济结构转型升级座谈会并在会上提出，“为什么中国批准发放的工业许可证数量据统计是世界第一，但由中国主导制定的国际标准却仅占世界的1%？这一问题必须引起我们认真反思！”这一“总理之问”引发制造业企业负责人的强烈共鸣。

情境二：2018年4月，美国商务部宣布禁止美国公司向我国的中兴通信销售零部件、商品、软件和技术7年。一个年营业收入上千亿元的跨国企业，在别人掐脖子的时候，瞬间变得前途未卜。

情境三：数据显示，一年全球手机产量的七成由我国制造，对IC芯片的需求占据全球市场的1/3。但我国信息产业和制造业的芯片90%以上依赖进口。2017年，中国集成电路进口金额达2601.4亿美元，同比增长14.6%，超过石油进口额成为最大宗进口商品。美国出口的15%的集成电路都销往中国。

探究问题：

1.“总理之问”“缺芯之痛”“芯片之殇”背后的真问题是什么？

2. 这一问题的存在会给我国的发展带来什么后果？

学生讨论。

教师引导并进一步进行概念的厘清：这个真问题，说到底就是我国与科技发达国家的距离在于一个核心技术。那么，什么是核心技术呢？我们一起来了解。

所谓核心技术，是与产品关键部件相对应的一个概念，即关键部件的设计和制造技术。例如，对于智能手机来说，驱动芯片是核心技术；对于彩电、显像管来说，电路技术就是核心技术；对于汽车、摩托车等机动车辆来说，发动机技术就是核心技术。核心技术在不同产品中表现为专利、技术诀窍、产业标准等不同形式的知识。核心技术是不能被模仿和复制的，是核心竞争力。

教师追问，深度思考：缺乏核心技术会给我们的发展带来哪些后果呢？

学生讨论。

教师对学生的回答不断进行引导，让学生认识到现阶段与发达国家相比，我国的科技创新能力和水平还有一定的差距，某些核心技术还落后于人、受制于人。这种状况如果得不到改善，对我国经济发展带来的影响是非常可怕的，即我国只能是世界的加工厂和组装车间。这是事关国家前途与命运的大问题。

明白了发展核心技术之迫切，教师要继续引导学生探究：如何才能破解核心技术研发之困局？教师采用了港珠澳大桥这一典型的中国技术、中国标准的成功案例进行分析。

情境呈现：

10 月 23 日，被誉为“超级工程”的港珠澳大桥开通运营。

港珠澳大桥是世界总体跨度最长、钢结构桥体最长、海底沉管隧道最长的跨海大桥，也是世界公路建设史上技术最复杂、施工难度最大、工程规模最庞大的桥梁。在大桥的建设过程中，科学家和工程师创造了 400 多项新专利、7 项世界之最，是我国自主创新的最新成果。

港珠澳大桥沉管隧道是当前世界上唯一的深埋沉管隧道。但在当时，沉管隧道核心技术还掌握在国外几家公司手里。

起初，大桥的建设者曾尝试寻求外部力量。他们到国外去考察学习技术，结果被拒于门外；他们考虑“买技术”，结果对方开出15亿元人民币的天价咨询费，远远超出他们3亿元的预期。

探究问题：

1. 为什么掌握核心技术的外国公司拒绝他们去考察学习？

2. 这告诉我们什么道理？

学生讨论。

通过对这个问题的探究，引领学生再次深刻认识核心技术是国之命脉。正如美国一个官员所说：“中国表示要在高新科技上投入几千亿元并达到国际领先地位，如果让中国如愿以偿，就对美国不利。”通过这一问题的讨论，引导学生认识到，面对日益强大的中国，世界的一些强国已经树起了技术壁垒，进行了贸易保护。同时，也让学生理解西方某些国家对中兴乃至华为动作不断的真正原因。面对这样的一个国际局势和局面，要解核心技术发展之困局，路在自己脚下，正如习近平主席所说：核心技术是国之利器。实践告诉我们，关键核心技术是要不来、买不来、讨不来的。

在不断的价值厘清，积极的价值引导基础上，教师继续带领学生探究核心技术破局之路。

情境呈现：

一系列的碰壁之后，总工程师林鸣下定决心，在没有外力支持的情况下，一切从零起步，依靠自己的技术和力量建成这座大桥。

经过三年不断的试验论证，林鸣团队终于研发出一整套沉管生产、运输和安装的方法。这期间、林鸣创造了连续奋战5天4夜不休息的纪录，因劳累过度，鼻腔大出血，四天内接受了两次全麻手术。

在港珠澳大桥深埋沉管隧道技术被他们突破后，当时开出天价咨询费的公司特意邀请林鸣去做交流，还在公司升起了中国国旗。

探究问题：

1. 林鸣团队自主研发出一整套沉管生产、运输和安装的方法建成大桥，给了我们什么启示？

2. 外国公司高规格的邀请和接待说明什么道理？

在学生充分讨论的基础上，教师引导学生认识到核心技术的创新是国家利益，是战略问题。突破核心技术的立足点在于独立自主，要将发展主动权牢牢掌握在自己手中。自尊自强才能赢得尊重。在引导过程中让学生为以林鸣为代表的千千万万为中国的发展而默默奉献的中国奋斗者自豪、骄傲！树立学生家国情怀的政治认同以及为国家的未来发展而奋斗的责任担当。

在不断进行积极的价值引导的同时，教师再次把积极的核心价值观的引导和培养引向高潮。引导学生继续探究。

探究问题：林鸣团队的做法告诉我们，在核心技术的自主研发中，需要具备怎样的品质和精神？

学生们在满怀对港珠澳大桥建设者敬佩和感动的氛围中，达成这样的共识：在自主研发过程中需要敢为天下先的创新精神和逢山开路、遇水架桥的奋斗精神。核心技术的自主创新需要一步一个脚印干出来。不驰于空想，不骛于虚声，不懈于奋斗。通过这样的价值引导，学生就可以理解和认同党和国家为什么总是要引导奋斗、鼓励创造，要向奋斗者致敬等宣传的深刻用意了。

当今世界，经济全球化不可逆转。在经济全球化的背景下，任何国家的发展都不能脱离世界这个大舞台，核心技术的研发也不例外。为此，教师继续追问，引领学生深度思考。

探究问题：

核心技术的研发需要独立自主，但独立自主是否就是封闭创新，关起门来搞创新？

在学生充分讨论的基础上，教师引导学生从两个角度辩证认识核心技术的研发路径：一方面，核心技术的研发主要靠自己，要靠自己的奋斗，这样才能扼住命运的咽喉，把核心技术牢牢把握在自己手上；另一方面，核心技术的自主研发并不代表我们不向国外学习，不代表我们拒绝引进国外的先进技术。正像习近平总书记所说，中国对外开放的大门永远不会关上，只会越开越大。2018 年 11 月 5 日在上海召开的世界博览会上，高新产品亮点纷呈；比如，11 月 7 日乌镇召开的世界互联网大会，又是一次科技的盛宴……我们要在开放中发展、在开放中创新、在开放创新中共赢。

"一玉口中国，一瓦顶成家；都说国很大，其实一个家；一心装满国，一手撑起家；家是最小国，国是千万家；在世界的国，在天地的家；有了强的国，才有富的家。"这首《国家》的歌词深刻诠释了个人和国家、个人利益和国家利益的关系。广大青年要以国家富强、人民幸福为己任，胸怀理想、志存高远，积极投身中国特色社会主义伟大实践，并为之奋斗终生。因此，帮助学生正确认识个人和国家的关系，在个人利益和国家利益出现矛盾时，选择以国家利益为重，不仅是公民良好的道德素养，也是公民对国家的责任和担当。

笔者在《法律，如何让生活更美好》一课的教学中，结合具体的情境和活动，直面具体的利益冲突，引导学生正确地处理个人利益和国家利益的关系，做出正确的价值判断和价值选择。

情境呈现：百亿产业园 百亿污染园

河南省安阳市内黄县是豫北平原上一个传统的农业县，2009 年以前，这里经济基础薄弱，年财政收入不足亿元；从 2009 年开始，内黄县大规模招商布局陶瓷业，先后引进多家陶瓷企业，由此带来了现在年产值 100 多亿元的陶瓷产业园。

买卖红火了，产业兴旺了，照理说是好事，但当地百姓最近却不断地向媒体打来投诉电话，说起村子里陶瓷产业园带来的污染问题，百姓们是叫苦不迭。附近村民说，陶瓷厂一开工，周围庄稼全死了，30 多米深的地下水黑乎乎的无法饮用。

记者走访了多个村庄，在与村民们进行了解情况时，只要一提到“污染”，很多村民都避而不谈。

原因之一：陶瓷厂曾发放过“污染费”。按照各家田地距离陶瓷厂远近的不同，每亩地由陶瓷厂补贴 20 元至 100 元不等的费用。

原因之二：陶瓷厂周边将近 90% 的劳动力都在厂里打工。一边是被污染的家乡，一边是挣钱的营生，关于未来，他们不乏担心，但更多的则是无奈。

探究问题：

1. 当地村民为什么对企业污染行为选择了“回避”“忍受”？回避和忍受的根源是什么？

2. 如何唤醒被老乡们“回避”的维权意识和行为？

习近平总书记指出，绿水青山也是金山银山。生态文明、绿水青山不仅是生态问题，也是经济问题，更是民生问题。这些村民本来应该对破坏自己生存环境的企业和不作为的政府说不，拿起法律武器捍卫自己的权利，但是，他们却选择回避和忍受，根源在于为了眼前的生存，为了眼前的利益，选择牺牲自己和子孙后代的长远利益；为了眼前的个人利益而忽视了长远的国家利益。为此，要唤醒公民的责任意识、权利意识和法律意识，学会尊法学法守法用法，正确认识和处理权利和义务的关系，知道美丽中国为我，建设美丽中国有我，有大局观，敢于担当。

由此可见，个人利益和集体利益不是束之高阁的书本理论，而是实实在在的现实，是我们在生活中经常要面对的选择。是我们骑共享单车时做到停车入位，不乱停乱放；是我们乘公交车时，按序排队，不抢不挤；是我们看到有人闯红灯时，一句温馨的提示；是我们看到有人破坏公共秩序时，敢于为维护公共利益而发声……

国是我的国，家是我的家，我爱我的国，我爱我的家，国与家连在一起，才可以创造地球的奇迹。只有正确认识和处理个人利益与国家利益的关系，才能让国家更加强大，我们才可能会有更美好的生活！

凸显积极价值引领的教学，关注点在于价值的厘清、判断和选择，在于通过情境探究，学生能否学会判断是不是、能不能、该不该、值不值，而不在于知识点的懂不懂、会不会，在此基础上，学生能够做出正确的选择。所以，教师在进行授课时要更多地关注对学生情感的引导，对学生价值选择误区的厘清。而要学生做出正确的价值判断，有时不是一节课两节课就能解决的。俗语说，十年树木，百年树人。人的正确的世界观、人生观、价值观不是一朝一夕就能形成的，但是一旦形成后就有了确定的方向性，改变起来也是非常困难的。所以，核心价值观的养成绝非一日之功，要坚持由易到难、由近及远，努力把核心价值观的要求变成日常的行为准则，进而形成自觉奉行的信念、理念。

凸显积极价值引领的教学，要通过辨析的方式。“学而不思则罔，思而不学则殆。”是非明，方向清，路子正。要通过设置具体的复杂的教学情境，设置层层递进的探究问题，引领学生学会思考、善于分析、正确抉择。在学会思考、善于分析、正确抉择的过程中厘清价值误区，树立正确的世界观、人生观、价值观。学生一旦学会了正确的价值判断，做出了正确的价值选择，再来看社会万象、人生历程，一切是非、正误、主次，一切真假、善恶、美丑，自然就洞若观火、清澈明了，自然就能做出正确的判断、做出正确的选择。正所谓“千淘万漉虽辛苦，吹尽狂沙始到金”。

凸显积极价值引领的教学，切记大而空。不以情境为载体，问题为引导，而空讲大道理，说教苍白，教育乏力，自然效果甚微。而且长此以往，就会让学生对思想政治课心生厌烦。课堂不是教师的私人领地，而是进行思想引导的高雅殿堂，教师切不可带着一己私心随意发表观点。我们要时刻铭记教书育人的使命，甘当人梯，甘当铺路石，以人格魅力引导学生心灵，以学术造诣开启学生智慧之门。我们要为中国特色社会主义培养接班人，培养合格的接班人。培养具有社会主义核心价值观的合格接班人。

（四）教学评价方式之探

课程的实施以课程标准为依据，以发展学生思想政治学科核心素养为目标。但是，教学进行的效果如何，学生的学习结果如何，是要有一定的考查和评价的。评价不仅可以检测之前的教学和学习效果，也可以促进今后的教学，引导学生未来的学习。

1. 高中思想政治课教学评价方式概述

《普通高中思想政治课程标准》人教版（2017 年版）指出，本课程的教学要运用多种方式、方法，引导学生自主学习、合作学习和探究学习，强调学生的活动体验是其思想政治学科核心素养发展的必要途径；评价要将过程性评价与终结性评价相结合，着重评估学生解决情境化问题的过程和结果，反映学生所表现出来的思想政治学科核心素养发展水平。并且针对不同的教学模式的特点给出不同的评价量表，如表 2－16 所示。

议题式教学模式根据学生在活动中的表现制作评价表，既评价学习情况，又引导活动过程。

表 2－16　议题式教学学生表现评价表

维　度	等　级
活动目标明确恰当	
积极参与资料的收集、整理	
与小组同学主动配合	
收集信息充分、精当	
流利地表达小组观点，并能为主要观点提供例证	
对主题的认识深刻、独到	

辨析式教学方式，凸显积极价值引领的教学，对学生的辨析、判断和选择做出评价时，首先要鼓励学生敢于表达看法；其次要分析不同观点的理由，倾听他们解释自己的观点；最后要针对学生表达的错误观点，以适当的方法提示他们完善观点，纠正错误。在评价过程中，应关注学生在结论与根据之间的因果论证，结合思维的逻辑性、表达的准确性等方面做出判定。为此，可以借助表2－17划分等级。

表2－17　辨析式教学学生表现评价表

维　度	等　级
勇于表达自己的观点	
善于倾听、尊重他人的观点	
准确地表达自己的观点，并能提供例证	
对……的作用等认识深刻、独到	
通过辩论进行反思，做出正确的价值判断	

情境式教学方式，重点是考查学生整合知识、理论联系实际、分析和解决问题的能力。进行综合性评价的过程，也是反思和评估情境创设和案例选取是否得当、是否高效的过程，可据此进一步优化情境、案例，不断提高教学效率和效果。

活动式教学方式，尤其是走出教室的社会实践活动，以活动任务为依托，不仅要评价有关学科内容的学习效果，而且要评价学生在社会实践活动中表现出来的情感、态度、能力；可以学生的自我记录、自我小结为主，兼顾同学、教师、家人、社区工作人员等的评价。评价的关注点是学科核心素养能否得到提升，具体要看学习目标是否明确，活动设计是否合理，活动组织是否恰当，活动资源是否充分利用，学生的主体性、创造性是否得到充分发挥，学生的交往能力是否得到增强，学生是否有获得感、成就感。

对于把课堂作为主阵地的教师来说，如何对自己的课堂教学进行评价、反思，不断提升自己课堂教学的时效性呢？开发自我诊断量表或许可以给大家一些启发。

虽然随着新课改的不断深入，教师的教学观念和教学方式发生了很大的改变，但通过什么方式让教师将提升课堂教学质量变为一种自觉的行为呢？为此，笔者尝试通过开发针对问题设计的自我监测量表等评价工具，为教师随时检测自己的课堂教学效果，提升教学能力提供载体。设置问题驱动式课堂自我诊断量表的主要原因是虽然政治学科课堂教学模式很多，但这些模式都需要以问题为载体，所以如何设计问题、设计怎样的问题对课堂教学质量的提升有着重要的作用。

2. 教师自我诊断式教学评价探索

课程标准对不同的课型提出了不同的评价方式，为教师的教学评价提供了参考依据。但是作为教师，要提高课堂教学的质量，还需要在细节上下功夫，向教学的精细化要成绩。为了更好地进行问题的设计，提高问题设计的质量，通过高质量的提问促进教学质量的提升，笔者通过开发问题驱动式自我诊断量表的方式进行教学评价，促进课堂教学质量的提升。

（1）自我诊断量表开发的前提和必要性。

虽然现在大部分政治课教师都会设置各种各样的问题进行授课，但在问题的设计上存在一些问题。一是问题的设计存在随意性。如"你们对这个事件有什么看法"等。二是问题设置指向性不明。如"谈谈上述材料体现的道理有哪些"这样的提问会给学生丈二和尚摸不着头脑的感觉，就会出现答非所问的现象。三是问题设置缺乏深度，探究性不够。如"说说政府的职能有哪些"此类知识性的问题，学生看书就一目了然，不需要课上再花时间让学生谈论回答。

这些问题如果不解决，就会影响课堂效率的提高，影响教学关系的调整，影响课堂教学质量。

问题驱动式课堂自我诊断量表的开发和使用为高中政治教师自我诊

断、自我反思、自我修正提供了依据；减少了高中政治课课堂提问的不具体、不确定、偏离主题等问题；提高了教师讲课的效率、学生学习的效率以及课堂教学的有效性。

在调查—研究—试用—修改的基础上，经过从实践到认识，再从认识到实践的多次反复，问题驱动式教学模式教师自我诊断量表终于制定完成，见表2－18。

表2－18　政治学科问题驱动式教学模式教师自我诊断量表

观察点		观察内容	效果		
问题设置的有效性（20分）		尊重学生的认知规律	A	B	C
		反映学生的兴趣点			
		体现教材的重难点			
		体现学生的疑惑点			
		体现知识点之间的整合			
		反映社会的相关热点			
呈现问题的有效性（20分）		问题指向性的清晰度			
		语言组织的准确性、科学性			
		问题呈现的逻辑性			
		问题呈现的巧妙性、艺术性			
		问题呈现方式的多样化			
解决问题的有效性（50分）	从过程看	参与解决问题的广度（人数）			
		有效参与的人数			
		参与解决问题的时间			
		课堂参与的秩序			
		教师敏锐地发现问题			
		尊重学生			
		精讲的时间			
	从结果看	笔记或学案落实			
		成果展示			
		课堂检测			
		情感态度价值观方面的感悟			

续表

观察点	观察内容	效果		
生成问题的有效性（10分）	教师有效把握			
	教师有效引导			
	教师有效整合			
	教师有效提升			

注：A很好；　B较好；　C一般

（2）自我诊断量表使用的效果。

1）自我诊断量表的使用可以促进教师问题设计的改变。实践是认识的目的和归宿，开发诊断量表的宗旨在于促进教师问题设置方式的改变。下面以必修一《影响价格因素》一课为例予以说明。

本课需要突破的重点：影响价格变化的因素及这些因素是如何使价格发生变化的。

教学模式：设置情境—设计问题—讨论问题—解决问题

设置的情景有：

情境一：星美影院电影票价的变化

原因：学生的生活实际

情境二：鲁迅的文章《藤野先生》

情境三：初中课本《多收了三五斗》

原因：学生的知识储备

情境四：不同形状的西瓜

原因：学生的感官兴趣

情境五：八月十五前后月饼的价格

原因：学生的生活实际

针对上述情境，在诊断量表使用前后，教师的问题设计对比如表2-19所示。

表 2－19　自我诊断量表使用前后对教师教学影响对比表

使用前	使用后
1. 结合上述材料谈谈影响价格的因素有哪些？ 2. 这些因素是怎样使价格发生变化的？	1. 在以上的例子中是什么因素导致了商品价格的变动和差异？你还知道有哪些因素？ 2. 这些因素是通过什么途径直接使商品价格发生变化的？ 3. 结合上述材料中的任何一个材料说明供求关系是怎样引起价格变化的？ 4. 你认为价格的变化会影响供求关系吗？为什么？

通过表 2－19，我们可以看出使用诊断量表后，教师的问题设计呈现出以下一些特点。

首先，加强了问题设计的目的性和针对性。在使用这一诊断工具进行课堂评价前，教师课堂设计的重点是案例的选择，关注案例是否多、是否最新的、是否具有典型性、能否引发学生的兴趣。自我诊断量表考查的重点不仅是案例的选择，更重要的是如何根据案例和教材重难点设计适合的问题，引导学生突破重难点。通过表 2－19 中的对比，可以发现，工具使用后，教师问题的设计更加具体、明确。

其次，提高了问题呈现方式的具体性和技巧性。要提高提问的有效性，问题呈现的方式应具有具体性和技巧性。在使用工具前，教师的问题是“这些因素是怎样使价格发生变化的”，问题设置很笼统，学生的回答也会很广泛、很杂，不能直接归纳出影响价格变化的主要因素是供求关系。使用工具后，教师设置的问题中出现了“通过什么途径”“直接”这两个关键词，学生就会明白，在这个问题中，真正的核心在于要在影响价格的诸多因素中找出最主要的因素。正是因为教师提高问题设置的具体性和技巧性，给学生指明了具体的思考方向，学生自然而然就会得出正确的答案。

再次，问题设计更具有探究性和开放性。探究性问题主要指那些激发和维持学生主动探究学习、积极进行发散思维的问题。使用工具前，教师一般习惯于提记忆性的问题，如影响价格变化的因素有哪些、什么是供求关系、引起商品价格变化的直接因素是什么，等等。这些问题，学生只要看教材就能回答，思考的力度不够。工具使用后，教师设置了“结合上述材料中的任何一个材料说明供求关系是怎样引起价格变化的”这样的问题，以引导学生学会运用知识点，并在运用中加深对知识的理解。因为材料的选择是自由的，具有一定的开放度。教师设置“你认为价格的变化会影响供求关系吗？为什么”这个具有一定难度的探究性问题，以引导学生经过充分的思考，调动自己的知识储备，打通框题与框题之间的局限，并且通过小组协作去完成。在解决这个问题的过程中，学生之间、师生之间有深层次的思维碰撞和交锋。下面是学生之间、师生之间在讨论、交锋中的精彩对白。

学生1：影响商品价格变化的是供求关系。

学生2：我认为不对，星美国际影院的票价就是随着时间段的变化而变化的，并不是随着供求关系的变化而变化的。

学生3：我认为不管是时间、地域还是其他因素影响了商品价格的变化，但最终都是通过改变商品的供求关系来实现的。星美国际影院为什么平时价格打折，因为观众少。

教师：供求关系又是怎样具体引起了商品价格的变化呢？

……（学生在思考）

学生4：我认为，供不应求的时候，价格上涨；供过于求的时候，价格下跌。

教师：为什么供不应求的时候，商品价格上涨，而供过于求的时候，商品价格下跌呢？

……（学生思考—小组讨论）

学生5：供不应求时，因为买的人多而卖的人少，使价格竞争在买者之间进行，买的人为了买到东西就需要竞相提价，价格自然就高了；反之亦然。

从上述的讨论过程中，可以体会到，教师设置的问题更具探究性和开放性，引导学生不断地思考、探究，在思考与探究中，学生体会到了思考、协作的乐趣。

最后，问题设计要有生活基础，体现人文性。关注“人”是新课程的核心理念，因此，教师问题设置要更多地体现对学生的关注。表现在情境设置和问题设置要着眼于学生的生活实际和知识储备，同时符合学生的认知规律。如教师设置的5个情境中，情境一：星美国际影院的票价，情境五：八月十五前后月饼价格的变化，这两个情境来源于学生的生活实际；情境二：鲁迅的文章《藤野先生》，情境三：初中课本《多收了三五斗》这两个情境来自学生的知识储备。学生们在课堂上看到这些来自自己日常生活和课本中的材料，亲近感就会油然而生，从而激发了学生参与课堂的兴趣。

另外，教师在课堂上对人的关注还表现在问题设置要体现差异性，考虑不同学生的认知水平。我们应当承认每个学生都具有自己的独特性，承认每个人都是唯一的，相互之间存在差异。一个真正出色的教师能教出各种类型的学生，并能使每个人都得到发展。个性化的问题适合所有学习个体，能让每个学习个体都有所为，能最大限度地激发个体的求知欲与表现力。

工具使用后，教师设置的问题“①在以上的例子中是什么因素导致了商品价格的变动和差异？你还知道有哪些因素？②这些因素是通过什么途径直接使商品价格发生变化的？③结合上述材料中的任何一个材料说明供求关系是怎样引起价格变化的？④你认为价格的变化会影响供求关系吗？为什么?”第1个和第2个问题属于比较浅显的，主要考查学生有效提取信息的能力和阅读能力。第3个问题主要考查学生理论联系实际的能力。第4个问题需要学生的联系、统筹能力。因此，这几个问题，从具体到抽象，从易到难，从课内延伸到课外，给不同学生思考和探究的空间，给不同学生展示自己的舞台。其真正体现了“心有多大，舞台就有多大”。

2）自我诊断量表的使用有助于引领教师形成新的课堂观，促进教学关系发生改变。

叶澜教授说：“在课堂里的教师和学生，他们不只是在教和学，他们还在感受课堂中生命的涌动和成长，只有这样的课堂，学生才能获得多方面的满足和发展，教师和劳动才会闪现出创造的光辉和人性的魅力。”

课堂是学生学习的地方，是学生的舞台，并非老师展示自我的地方；同样是获取知识，我们主张让学生获取，而不提倡由老师灌输。诊断模型出台后，引导教师通过设计符合学生认知规律的问题来吸引学生关注课堂、参与课堂；问题的探究和解决，一定是在学生中进行，教师只是引导者、点拨者。这样的课堂理顺了师生关系，摆正了教师和学生在课堂中的地位。

自我诊断量表的使用可以督促教师思考、统筹课堂讲授时间与学生思考、讨论时间。

美国华盛顿儿童博物馆的墙上有一幅醒目的格言：“我听见了就忘记了，我看见了就记住了，我做了就理解了。”这足以说明在教学过程中，处理好教师讲与学生做的关系的重要性。诊断量表的使用会督促教师在课堂教学中把更多的时间留给学生，让学生自己去研究、探究、讨论问题，在问题的思考讨论中获得知识、提升能力，而不是教师自己在那儿分析教材。

3）自我诊断量表的使用有助于引领教师形成新的学生观。

新课程的理念之一是要求教学要以学生为本。诊断量表的使用引领教师关注学生，让教学设计符合学生认知规律的问题。贴近学生，就要从学生的需要、兴趣和能力出发，结合学生的生活经验，遵循学生的生理、心理及认识发展规律来设置问题。这样设置出来的问题才是学生愿意探究的；这样设置出来的问题才是学生能够探究和值得探究的。同时，自我诊断量表的使用，让课堂教学关注学生创新精神和能力的培养。课堂上，教师设置问题的目的不是直接宣布答案，而是通过解决问题，让学生自己去思考、去体验、去选择，让学生在这一过程中学会自己判断是不是、能不能、该不该、值不值，自己去经历知识的生成过程。让学生切实体会到，道理是经过他们自己思考得出的，而不是教师强加给他们的。这样的道理才能进入学生的思想深处，化为他们精神的一部分，成为他们的血液，流淌在他们体内。

诊断量表的使用会引导教师更加关注学生公民意识，即“人”的培养。古人云：“师者，传道授业解惑者也。”这说明，作为教师，不仅要传授知识，还要教会学生做人的道理。作为政治教师，课堂的重要使命之一就是要培养学生的责任意识。帮助学生树立正确的世界观、人生观、价值观，确立对真理的信仰，使学生在今后的人生道路上，能够坚持正确的政治方向和人生目标，明辨是非、勇敢进取。在工具使用前，教师更多地关注问题设置的知识性、科学性，在工具使用后，教师除了关注知识传授的科学性、准确性外，还会关注学生能力的提升，更会关注学生公民意识的培养。课堂诊断模型指导我们超越自我，超越过去，以新的教育理念、思想方式和行为方式构造新的教育平台。在此基础上，将一切有利于生命成长和创造的东西进行吸收和转化，并运用于课堂教学，使课堂教学中师生的互动更精彩。

三

高中思想政治课学科育人的思考和实践

思想政治的教学和教育是一个问题的两个方面，教学是方式，对学生的教育要渗透在教学中，通过设定明确的教学目标、设置恰当的教学情境、选择合适的教学方式去完成学科育人的目标，为国家培养合格的接班人。如果将二者完全分割开，认为教学和教育是两回事，课堂教学就是传授知识，是关键，是核心，而学科育人是用来装饰门面的，是面子工程，只有在公开课的时候或者领导听课时才会关注，才会设计，这种观念是绝对要不得的。实际上，思想政治课的学科核心素养是通过教学培养和培育的，离开了育人的教学就是没有灵魂的教学，离开了教学的教育就是毫无生命力的说教。因此，我们一定要从学科教学走向学科育人，将二者辩证统一起来。

在很多人看来，思想政治课就是德育课程。从某种角度看，确实如此。因为不论是初中的课程标准还是高中的课程标准，从课程性质的层面，初中思想品德课和高中思想政治课都是以培育社会主义核心价值观为目的，帮助学生形成正确的人生观、世界观、价值观。从这个角度看，思想政治学科的育人功能与其他学科相比更突出。所以，思想政治学科也是学校的德育课程。

浇花浇根，育人育心。培养什么人，是教育的首要问题。我国是中国共产党领导的社会主义国家，这就决定了我们的教育必须把培养社会主义建设者和接班人作为根本任务，青少年是祖国的未来、民族的希望。我党立志于中华民族千秋伟业，必须培养一代又一代拥护中国共产党领导和社会主义制度、立志为中国特色社会主义事业奋斗终生的有用人才。在这个根本问题上，必须旗帜鲜明、毫不含糊。这就要求我们把下一代教育好、培养好，这是教育工作的根本任务，也是教育现代化的方向目标，当然也是思想政治学科的育人任务。

“画虎画皮难画骨，画人画面难画心”，培养学生的核心素养，引领学生形成社会主义核心价值观并非一朝一夕能完成的易事。在全国思想政治教师座谈会上，习近平同志强调，思想政治理论课是落实立德树人根本任务的关键课程。青少年阶段是人生的“拔节孕穗期”，最需要精心引导和栽培。我们办中国特色社会主义教育，就是要理直气壮开好思政课，用新时代中国特色社会主义思想铸魂育人，引导学生增强中国特色社会主义道路自信、理论自信、制度自信、文化自信，厚植爱国主义情怀，把爱国情、强国志、报国行自觉融入坚持和发展中国特色社会主义事业、建设社会主义现代化强国、实现中华民族伟大复兴的奋斗之中。思政课作用不可替代，思政课教师队伍责任重大。

为此，作为思想政治课教师，笔者一直在学科育人的路上不断地思考、探索、践行。

（一）直面价值冲突，凸显价值引领

“炮制虽繁必不敢省人工，品味虽贵必不敢减物力”——这是百年老店同仁堂的古训，作为全国中药行业著名的老字号，创建于 1669 年的同仁堂，至今已有 350 年的历史。

2018年12月，同仁堂却因其子公司——同仁堂蜂业的代工厂盐城金蜂存在对大量过期、临期的蜂蜜进行回收，并将回收后的蜂蜜倒入大桶送入原料库的问题，成为舆论关注焦点，被称为“蜂蜜门”事件。

诚信经营　百年匠心——北京稻香村成功入选“2017中国品牌100强”。一百多年来，北京稻香村历经六代掌门人的薪火相传，始终坚守江南故里的精湛工艺和儒雅商德，并不断融入京都文化的丰厚底蕴和雄浑气魄，在弘扬食品文化的同时，不断开拓创新。如今，北京稻香村已拥有百家连锁店、超一流的物流配送中心、600多个销售网点，并率先开创了社区连锁店，建成了全国传统食品行业内规模最大的生产基地，年销售额超过50亿元，并向着百亿企业的目标迈进。

如果企业坚持以消费者至上，坚持把质量放在第一位，这样的价值观不仅为企业的发展带来了广泛的人气，而且为企业的发展带来了巨大的利润。反之，如果企业疏于管理，急于扩张，关注的是企业自身的发展速度和盈利至上，其结果可能会让自己百年品牌的信誉受损。金杯银杯不如百姓的口碑，百姓的好口碑没有了，诚信不在了，企业的利润肯定会受到影响。这两个事例说明价值观对人们认识世界和改造世界起着非常重要的作用。一方面，价值观影响人们对事物的认识和评价。价值观不同，人们对事物的认识和评价就不同。另一方面，价值观影响人们改造世界的活动，影响人们的行为选择。选择正确才能在改造世界的活动中取得成功；选择错误，就会遭到失败。企业把消费者利益放在第一位，时时刻刻把维护消费者的利益作为企业发展效果的第一评价标准，坚持诚信经营、守法经营，承担社会责任。消费者就会用自己的行动回报企业，让企业发展进入良性循环。

政府坚持为人民服务的宗旨，坚持对人民负责的原则。人民满意，对人民有利，我们就坚持；人民不满意，损害人民利益，政府就必须摒弃。从唯“GDP论”到关注人民的“获得感、幸福感”；从要证明“我妈是我妈”的“人在证途”到转变政府职能，简政放权，全国各地的

“最多跑一次”办公室的设立，再到“个人所得税抵扣政策”“17 种抗癌药物纳入医保”……这一切的变化背后，折射的都是我们的党和政府坚持以人民为主体，把群众满意不满意作为工作的出发点。政府爱人民，人民就会相信政府、支持政府，上下同心，举全国之力，为实现中华民族的伟大复兴而奋斗！

同样，作为一个国家，在处理国际事务时，坚持多边主义，坚持互利共赢，维护世界的和平与发展，展现大国的担当和风范，而不是一切以“本国优先”，以自己的满意不满意、是不是符合自己的价值标准作为国际交往的准则。那么，可以预期这个国家将会成为新的世界秩序的制定者和维护者，将会得到世界的认可和尊重。

可见，秉承什么样的价值观，价值观是否正确，是否符合社会发展规律和符合人民根本利益，不仅影响企业的发展、社会的和谐，甚至会影响一个国家在国际上的地位和声望。当然，在生活中，作为个人，我们时常面临价值选择，会产生各种烦恼和困惑。我们怎样选择才会让自己的人生更有意义呢？这需要我们了解和重视价值观对个人成长的重要意义。

2018 年感动中国十大人物之一的杜富国，作为一名军人，2018 年 10 月 11 日下午在边远地区执行排雷任务时，杜富国让战友离开独自面对险情，最后地雷爆炸遭遇不幸，为保住其生命医生不得已摘除了他的双眼、截掉了他的双手，而同组的战友安然无恙。为人民扫除雷患，为战友血染雷场，彰显了一位时代军人应有的担当。

2018 年台风“山竹”肆虐广东，沿海多地狂风暴雨，巨浪滔天。但有这么一群人，为了大家的安全不惧危险，逆风而行：气象站工作人员冒着 13 级大风，擦拭天气现象仪镜头，避免积水影响数据记录准确性；记者们毫不畏惧，顶着大风大浪来到岸边，“用生命直击”台风登陆过程，为我们带来最新播报；供电工人们顶着风雨，前往巡查设备，保障城市不陷入黑暗；交警们顶风冒雨执勤，全力救援受困群众，清除道路安全隐患…… 致敬，逆风而行的人！

正是因为有这样一批批默默奉献的最可爱的奋斗者，才有今天祖国的强大，才有人民生活的安定和幸福。但我们也看到，当今社会有一些奉行过好自己的小日子，不求奋斗进取的“佛系青年”，还有这样一些人，他们一般高智商、世俗、老到、善于表演、懂得配合。他们或工于心计，或圆滑世故，每时每刻都围绕着利益出发；或是把利益当作唯一的目标，原则、信念都抛到九霄云外；或是利用规则甚至潜规则，善于钻空子实现自己的“精致利己主义”目的；有些人甚至为了吸人眼球，公开地侮辱英烈，充当败坏社会风气、出卖国家利益的罪人。

正如臧克家在诗中所描写的：

有的人，骑在人民头上：“呵，我多伟大！”有的人，俯下身子给人民当牛马。有的人，把名字刻入石头，想“不朽”；有的人，情愿作野草，等着地下的火烧。有的人，他活着别人就不能活；有的人，他活着为了多数人更好地活。骑在人民头上的，人民把他摔垮；给人民作牛马的，人民永远记住他！把名字刻入石头的，名字比尸首烂得更早；只要春风吹到的地方，到处是青青的野草。他活着别人就不能活的人，他的下场可以看到；他活着为了多数人更好地活着的人，群众把他抬举得很高，很高。

可见，价值观是人生的重要向导。一个人走什么样的人生道路、选择什么样的生活方式，都是在一定的世界观和价值观的指导下进行的。价值观不同，人们在面对公益与私利、个人利益与国家利益产生矛盾时做出的选择就会不同。价值判断和价值选择，往往因人而异。产生差异的因素很多，包括个人的生活阅历、知识储备等，但关键在于立场不同、利益立足点不同。站在个人的立场上考虑问题无可厚非，但是，当个人利益和集体利益产生冲突时，我们要站在人民的立场上考虑问题，把人民群众的利益作为最高的价值标准，把献身人民的事业、维护人民的利益作为自己最高的价值追求；当个人利益和他人利益产生冲突时，要善于从不同的角度思考，理解和尊重他人的正当选择。

为什么要把国家利益放在首位呢？在价值取向多样化的今天，尤其是在关注个性需求的环境中成长起来的人，他们更赞同个人利益至上。俗语说：大河有水小河满，大树底下好乘凉。只有国家强大了，个人的发展才能真正得到保障。改革开放40年来，随着我国全方位的发展，才能有我国人民生活水平的整体提升；随着我国综合国力的强大，我国公民在国际上的地位也愈来愈高。当我们听到某个国家又发生了枪击案时，会庆幸我们国家的良好生活环境和秩序；一次次的撤侨，让海外的中国人深刻体会到了“中国护照”的分量；截至2019年4月，全球已经有77个国家和地区，对中国开放了免签、落地签政策；当你去国外旅游，在国外生活的中国人会动情地给你讲起祖国强大对他们的积极影响；《战狼》《红海行动》等电影的热播也告诉我们，我们之所以比别人更幸福、更安宁，享受岁月静好，是有伟大且强大的祖国为我们负重前行。因此，当个人利益和国家利益发生矛盾时，我们应自觉选择个人利益服从集体利益、国家利益。

孩子们，不管你们是否愿意，祖国未来的发展重担一定会传递到你们肩上。你们也一定会努力让自己的祖国发展得更加强大。文化是引领一个民族前行的旗帜。文化兴国运兴，文化强民族强。建设社会主义文化强国，是一个复杂的系统工程，培育社会主义核心价值观，是其中的灵魂工程。党的十九大报告明确提出，培育和践行社会主义核心价值观要以培养担当民族复兴大任的时代新人为着眼点。因此，作为中国特色社会主义事业的接班人，我们不仅要树立正确的价值观，更要树立社会主义核心价值观。

对一个民族、一个国家来说，最持久、最深层的力量就是全社会共同认可的核心价值观。核心价值观承载着一个民族、一个国家的精神追求，体现着一个社会评判是非曲直的价值标准。一个国家的文化软实力，从根本上说，取决于其核心价值观的生命力、凝聚力和感召力。我国宪法规定："国家倡导社会主义核心价值观。"社会主义核心价值观凝结着全体人民的价值追求。即国家层面的价值目标：富强、民主、文明、和谐；社会层面的价值取向：自由、平等、公正、法治；公民个人层面的价值准则：爱国、敬业、诚信、友善。这24个字是社会主义核心价值观的基本内容，回答了我们建设什么样的国家、建设什么样的社会、培育什么样的公民的重大问题，为培育和践行社会主义核心价值观提供了基本的遵循。因此，培育担当民族复兴大任的时代新人，就要把培育和践行社会主义核心价值观作为凝魂聚气、强基固本的基础工程。

作为高中思想政治教师，引领和培育学生的社会主义核心价值观，就要把社会主义核心价值观教育融入教学和教育工作的方方面面，在落细、落小、落实上下功夫，引领学生把社会主义核心价值观内化于心，外化于行。

在课堂教学中，教师不能回避学生的价值冲突和价值误区，要直面问题，直击痛点进行教学设计，引领学生在解决问题的过程中学会正确的价值判断和选择，树立社会主义核心价值观。

笔者在必修模块二《政治生活》第四课"我国政府受人民监督"的教学中，针对学生认为我国公民的监督是形式上的监督，而且即使监督了，政府也会不理睬的认识误区，进行了如下教学设计：

情境呈现：警车违停被市民贴"罚单"

2017年11月21日，多张警车违停的照片在渭南市民的朋友圈广泛传播，并引起热议。照片显示，车牌号为陕E1873警的制式警车停在非机动车道边，但所停位置并不是停车位。有市民以"渭南车主"名义，给这辆违法停车的警车开具了"违章通知单"，内容为"交警同志，您驾驶的：陕E1873警车已违章停车，请于三十日之内能给渭南车主一个完美的解释。开单人：渭南车主。2017.11.21"。

图 3 –1　微博@渭南市交警临渭大队（违章警车图及告知单）

华商报记者通过照片看到，这辆警车违法停车的地点位于渭南市区仓程路和东风大街十字西南角的非机动车道附近；后挡风玻璃张贴的宣传语显示，该车属渭南市公安局交警支队临渭大队，但经过多方了解，未能联系到拍摄照片的市民。华商报记者获悉，这组照片也引起了渭南市公安局交警支队及临渭大队的重视，并立即着手进行调查。11 月 21 日下午 5 时许，临渭大队通过官方微博“渭南市交警临渭大队”发布了《关于渭南车主反映“陕 E1873 警车违停”的回复》。回复表示，感谢“渭南车主”对渭南交通管理工作的关爱和关注。

（材料选自 http：//www. china. com）

针对这种典型的在全国具有关注度的热点材料，教师改编并以案例续写的方式呈现出来。

情境一：2017 年 11 月 21 日，张小华在去超市的路上发现一辆警车停在非机动车道边，且所停位置并不是停车位。

探究问题：

1. 他可以怎么办?

2. 他会做出怎样的选择?

学生们对此议论纷纷：有人说装作看不见，也有人说警察办事可以随意停车，还有人说直接拖走……

情境二：张小华以“渭南车主”名义，给图中违法停车的警车开具了一张打印的“违章通知单”：

交警同志，您驾驶的“陕 E1873 警”警车已违章停车，请于三十日之内给一个完美的解释，并提交到政府的相关网站。

探究问题：

你如何看待和评价张小华的做法？张小华会等来什么答复？

张小华的做法触动了学生。他们有人为他点赞，认为他是有责任心有担当的人，是身体力行践行公民责任的人等。也有学生为张小华担心，担心他会遭到报复……

情境三：11 月 21 日下午 5 时许，车辆所属渭南市交警支队临渭大队通过官方微博“渭南市交警临渭大队”发布了《关于渭南车主反映“陕 E1873 警车违停”的回复》。回复表示：违停警车确系正在执勤，但是仍对涉事民警进行违停处罚，罚款 100 元，并在全大队开展警示教育，感谢“渭南车主”对渭南交通管理工作的关爱和关注。

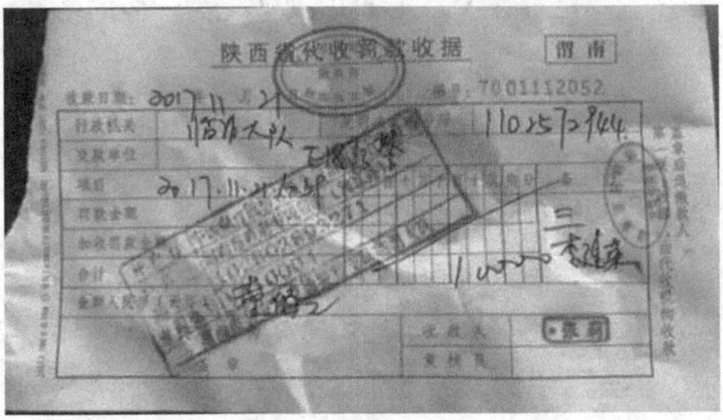

图 3－2　微博@渭南市交警临渭大队（违章处罚交费单）

探究问题：

1. 如果张小华就是你身边的同学，你准备对张小华说些什么？

2. 张小华的做法给你哪些启示和思考？

学生们纷纷为张小华点赞，认为他的行为值得大家学习。因为他用自己的行动让大家重新认识了公民权利，重新认识了政府和人民的关系，也理解了什么是勇于担当、身体力行。

学生们是善良的、可爱的，其实他们每个人都有一颗爱国心、一份报国志，只要教师精心设计好火种去点燃，在这个过程中培养学生的民主、平等、公正、和谐、法治的社会主义核心价值观。

其实，思想政治课堂教学中这样的设计很多。我们可以选择华为的发展为例，将中国制造业的发展从中国制造到中国质造到中国创造再到中国标准的发展过程展现出来，引领学生正确认识我国改革开放40年的巨大变化，感受中国生产、中国企业从走上世界舞台，跟上世界节奏，到来到世界舞台中央，再到开始引领世界发展所激发的爱国、富强、敬业、创新的社会主义核心价值观。

除了课上教学外，思想政治教师在和学生谈话、答疑的过程中，也要注意对学生进行核心价值观的引领。一枝一叶总关情。教师的一言一行、一举一动，都会对学生产生示范作用。所以，教师要通过自己的一言一行引领学生，将社会主义核心价值观转化为学生的情感认同和行为习惯。

（二）培养思维品质，提升学科能力

培养学生的社会主义核心价值观，需要学生具备一定的学科知识，提升学科能力。这样学生才能学会独立思考、学会分辨、学会取舍、学会做出正确的价值判断和行为选择。因此，学科知识和学科能力是培育社会主义合格接班人的条件。

思想政治学科的学科能力主要包括描述与分类、解释和论证、预测与选择、辨析与评价等。要对事物准确地描述和分类，就需要对事物进行准确的认识、区分；要对概念和现象等做出准确解释和深刻论证，就需要透过现象，把握事物的本质和规律；要对未知做出准确的预测和正确的选择，就需要我们发挥主观能动性，运用统筹思维，历史地辩证地看待事物，把握事物发展的趋势；要对复杂的情境进行辨别、分析，并做出准确的评价，就需要多角度、多层次地考虑问题、分析问题。因此，要提升学生的学科能力，必须从培养学生的思维品质开始。思维品质反映了每个个体智力或思维水平的差异，主要包括深刻性、灵活性、独创性、批判性、敏捷性和系统性六个方面。学生只有具备了较高的思维品质，才能具备较高的学科能力，才能在这乱花渐欲迷人眼的大千世界中做到不畏浮云遮望眼；才能做到行至水穷处，坐看云起时。

提升学生的思维品质，教师要做有心人。课上问题的设计、问题的讲解分析等都要精心准备，用心分析。引导学生思考问题的方式从现象到本质、从单一到整体、从片面到全面。

教师在分析某一个具体知识点时，要做到由浅入深，多角度多层次。如“政府依法行政”这个知识点，教师要通过情境的设置和问题的探究，引领学生从什么是依法行政、为什么要依法行政、如何做到依法行政三个角度分析，在此基础上，区分依法行政和依法执政、依法治国有什么区别和联系。引导学生多角度、多层次地深入理解“依法行政”这个知识本身的同时，又能区分“依法行政”和相似知识、易混知识之间的区别，做到准确地辨析概念。同样，对重难点知识的分析也要层层递进。如高中必修模块四《生活与哲学》第九课中矛盾的基本属性，即对立性和同一性及二者的关系，因为知识本身的抽象导致学生理解起来非常困难。但是对这个问题的准确理解和分析，对锻炼学生的思维能力有着极大的帮助。为此，在分析这个重难点知识时，笔者进行了如下操作。

情境呈现：

视频：2013 年 4 月 8 日半小时栏目《机器人抢了谁的工作》节选

探究问题：

哲学上矛盾的含义和两个基本属性是什么？机器人和人的关系是如

何体现矛盾的斗争性和同一性的？

在引导学生了解矛盾的含义和基本属性的前提下，继续把学生的思维引向深入。

教师追问如下问题，引领学生深度思考，见表3－1。

表3－1　厘清相似概念推动深度学习设计表

问题	探究结论	突破难点	设计意图
1. 请结合生产和消费的关系，说明如何理解“同一性以差别和对立为前提，斗争性寓于同一性之中，并为同一性所制约”	生产强调创造，消费强调消耗。生产决定消费，消费反作用消费；生产和消费的相互联系、相互依存以生产和消费的差别、不同为前提；生产和消费的不同通过生产决定消费，消费反作用于生产的联系表现出来	矛盾斗争性和同一性的辩证关系	对于矛盾的斗争性和同一性的辩证关系，学生只能背诵书上的知识点，并不会区分，不能准确理解和运用。通过设计这个具体问题，引领学生深入理解二者的辩证关系，思维向纵深发展，让学生在知其然的基础上，也知其所以然，提升思维的深刻性
2. 普遍性与特殊性的关系为什么不是“整体”与“部分”的关系	整体与部分的关系从数量上是一和多的关系，主要是从构成的层面来说的。而普遍性和特殊性是共性和个性、一般和个别的关系，主要是从性质的层面来说的	矛盾普遍性特殊性和整体部分关系的区分	学生只知道普遍性和特殊性的关系不是整体和部分的关系，但对于为什么并不清楚，通过这个问题的探究，引领学生从构成和性质层面进行区分，不仅知道了是什么而且知道了为什么，对两个相近的不同知识点进行了准确的区分，提升了思维的准确度和广阔度
3. 如何区分主次矛盾和矛盾的主次方面	具体内容见表3－2	主要矛盾和矛盾主次方面的区分	主要矛盾和矛盾主次方面一直是学生思维难点的深水区，这个问题的设计贴近学生最近思维发展区，从前提和范围、实践应用、常用关键词等多角度进行了区分，提升了学生的思维层次性

表3－2　主要矛盾和矛盾主次方面区分表

问题	前提和范围	实践应用层面	常用的关键词
主要矛盾	复杂事务，有多个矛盾	解决问题	关键、核心、重点等
矛盾主次方面	一对矛盾，有两个方面	认识和评价事物	本质、主流、性质等

学生只有具备思维的深刻性、层次性、批判性、系统性、创新性等，才可能提升学科能力；具备了学科能力，才能面对社会的不同情境、不同选择、不同观点、不同利益立足点，做出科学的判断和理性的正确的选择。如果学生自身没有思考能力，只会人云亦云，就只能成为没有思维能力的工具，进而道听途说、颠倒是非。这是非常可怕的。因此，具备学科能力是培养学生正确的政治方向、成为合格接班人的必备条件。在具备学科能力的基础上，学会科学的判断，接下来才能引导学生思考，站在谁的立场上思考、我们要为谁服务、要为谁奋斗等价值观层面的问题。思想道德建设、学科知识、学科能力是相辅相成的。学科知识和学科能力是更高层次的道德建设的基础，高层次的道德修养也会让学科知识和学科能力发挥最大的价值。当然，这并不是说，没有知识和能力就一定没有道德。这里只是强调，在今天“互联网＋”的时代，知识经济的时代，有很多不良的错误的东西，往往披着科技的外衣、经过民主的包装，具有很强的迷惑性，如果我们的思维只停留在表层，如果我们看问题不够深刻，可能就会被现象所迷惑，做出错误的判断，更有可能被一些别有用心的人和国家所利用，这是非常可怕的也是让人感到非常悲哀的事情。很多人可能觉得政治老师就爱小题大做，上纲上线。实际上，意识形态的斗争从来就没有真正停止过，我们看当今世界利比亚的局势、看台湾问题、看网络的窃听事件、看留学生被拉拢成为间谍，等等，哪一件事情背后不是意识形态的斗争。因此，培养社会主义核心价值观、重视人的正确政治方向从来就是常抓不懈的、不能有丝毫懈怠的核心问题、根本问题。

因此，通过提升学生的思维品质，培养和提高学生的学科能力，为培养学生的核心价值观奠定能力基础，是思想政治教师的责任和使命。

（三）落实核心素养，培育时代新人

青年一代有理想、有本领、有担当，国家就有前途，民族就有希望。习近平总书记在党的十九大报告中提出了“培养担当民族复兴大任的时代新人”的新要求。这一重要思想观点深刻回答了党在新时代“培养什么样的人、如何培养人、为谁培养人”等根本问题，为新时代中国特色社会主义的人才培养指明了方向。

在全国教育大会上，习近平总书记用六个“下功夫”，即在坚定理想信念上下功夫、在厚植爱国主义情怀上下功夫、在加强品德修养上下功夫、在增长知识见识上下功夫、在培养奋斗精神上下功夫、在增强综合素质上下功夫，明确了培养担当民族复兴大任时代新人的方法论。

作为思想政治学科的教师，要完成这六个“功夫”，就需要落实思想政治学科的核心素养。前面笔者已经反复地提及思想政治学科的核心素养，即政治认同、科学精神、法治意识和公共参与。政治认同就是拥护中国共产党的领导，坚持和发展中国特色社会主义，认同中华人民共和国、中华民族、中华文化，弘扬和践行社会主义核心价值观。科学精神就是在认识世界和改造世界的过程中表现出来的一种精神取向，即坚持马克思主义的科学世界观和方法论，能够对个人成长、社会进步、国家发展和人类文明作出正确的价值判断和行为选择。法治意识就是尊法学法守法用法，自觉参加社会主义法治国家建设。公共参与就是有序参与公共事务、承担社会责任，积极行使人民当家作主的政治权利。

坚定学生的理想信念，要求教师在当前国内和国际的大环境下，引导学生不为表象所惑、不为干扰所动、不为风险所惧，牢记我们从哪儿来、跟谁走、往哪儿去。树立共产主义远大理想和中国特色社会主义共

同理想，坚信中国特色社会主义道路自信、理论自信、制度自信、文化自信，立志肩负起民族复兴的时代重任。爱国主义精神是中华民族的精神基因，维系着华夏大地上各个民族的团结统一，激励着一代又一代中华儿女为祖国发展繁荣而不懈奋斗。厚植爱国主义情怀，要求教师引导学生热爱和拥护中国共产党，立志扎根人民、奉献国家，树立和坚持正确的历史观、民族观、国家观、文化观，不断增强广大学生的爱国意识和爱国情感，从心底强化国家认同、民族认同、文化认同。当前，多元社会思潮交流交融交锋，喧嚣浮躁的多元价值理念冲击着人们的精神家园。教师要引导学生培育和践行社会主义核心价值观，踏踏实实修好品德，成为有大爱大德大情怀的人。引导学生扣好人生第一粒扣子，引导学生在加强品德修养上下功夫，做到心中有阳光，眼里有远方，脚下有力量。当今时代，信息技术的快速发展给人类社会带来前所未有的剧烈冲击，谁掌握了科学技术，谁拥有了创新人才，谁就赢得了未来。教师要引导学生紧紧抓住当前的大好时光，努力充实本领和技能，用科学文化知识武装自己。幸福都是奋斗出来的，奋斗本身就是一种幸福。教师要培养学生的奋斗精神，把奋斗看作一种生活方式、一种实现更好的自己的人生选择。

要坚定学生的理想信念，厚植学生的爱国主义情怀，培养学生的核心价值观、养成学生的拼搏意识，都要从落实政治学科核心素养开始。落实了思想政治学科的核心素养，学生就树立了“四个自信”，树立了爱国情怀；坚持了用科学的方法认识问题，学会了承担责任，养成了奋斗的意识和品质。

那么，如何落实学科核心素养呢？

1. 要创设基于学生生活的鲜活的具体情境，为培养学科核心素养营造氛围

思想政治学科核心素养，是学生通过思想政治课的学习，获得的具有学科特点的学业成就；是思想政治课程育人价值的集中体现。内容包括政治认同、理性精神、法治意识和公共参与，即培养有信仰的、有思想的、有尊严的、有担当的中国公民。

建构主义认为，学习者要想完成对所学知识的意义建构，即达到知识所反映事物的性质、规律以及该事物与其他事物之间联系的深刻理解，最好的办法是让学习者到现实世界的真实环境中去感受、去体验（即通过获取直接经验来学习）。因此，在课堂教学过程中，教师要精选典型的、基于学生生活的、能够引发学生兴趣的素材作为具体情境，为培养学生的学科核心素养烘托氛围。美国教育学家约翰·布朗福斯特把“情境”称为教学的“锚”，并提出了著名的“抛锚式教学”论，即把故事、事件或一系列生活问题设置为课堂教学的具体情境，激发学生求知的欲望、探究的热情等。

如在《世界舞台上的中国》一课中，笔者选取了相关的素材，设置了具体的、参与性强的生活情景，调动了学生参与和探究的兴趣，达到了培养学生学科素养的目的。

情境呈现：中国入世15年的成果

探究问题：结合我国入世15年取得的成果，思考加入世贸组织给我国经济发展带来了哪些积极的影响？

学生讨论回答。

教师引导总结：让学生感受中国入世以来在格局、策略等方面的变化和取得的成果，明确中国经过30多年的对外开放，我们所取得的巨大成就举世公认。我们已经由对外开放的参与者、建设者、受益者，转型成为世界经济发展的引领者、新的国际规则的制定者。

中国入世15年的成果，是教师精选编辑的视频资料，让学生通过可看、可感的生活情境，真实地感受到对外开放为我国经济发展和百姓生活带来的变化，切身体会走上世界舞台对中国发展的意义。在这一情境的探究过程中，学生通过了解我国加入世贸组织15年来取得的巨大成就，能够深刻理解中国特色社会主义道路是适合中国的正确之路，培养正确的政治认同和公共参与的学科核心素养。

情境呈现：更好地参与对外开放的着力点在哪里

学生讨论回答。

教师引导总结：中国要实施高质量的供给侧改革，只有依靠创新驱动战略，增强自主创新能力，才能屹立于世界制造舞台的中央。

更好地参与对外开放的着力点在哪里，教师通过“中国圆珠笔笔芯之困”这个热点问题，营造氛围，让学生在氛围中体会到未来中国要想更好地参与对外开放，必须要走自主创新之路，创立自己的品牌，由“制造大国”转变为“制造强国”。学生在真实的生活情境营造的氛围中感受、感染、感悟、提升，运用马克思主义的原理理性辩证地看待问题，有助于培养和提升学生的责任意识、担当意识、科学精神和参与意识，从而培养引导学生树立科学精神的学科核心素养。

课堂教学中情境设置对培养和提升学生的学科核心素养是必不可少的，这就要求教师在选择情境时，把握真实性、复杂性、贴近性等原则。因为生动鲜活的真实情境能够激发起学生对探究的热情；复杂性能够激发学生解决问题的兴趣；贴近学生生活的情境会让学生有亲近感而愿意探究。

2. 设计基于学生思维规律和认知规律的问题，为培养学科核心素养提供能力基础

学生的核心素养是个体在面对复杂的、不确定的现实生活情境时，在分析情境、发现问题、提出问题、解决问题、交流结果过程中表现出来的综合性品质。他们的思想政治学科核心素养及其水平，只能基于具体的问题情境，通过特定的解决问题的任务活动所展现出来的行为表现进行推断。学生的学科核心素养是需要学生通过学科学习才可以得到培育和塑造的素质和能力。从这个角度来说，学科核心素养的培育过程就是一个学习者通过学科学习实现成长的过程，是成长为什么人的问题。为了达到这个目的，课堂教学就不能仅仅是表面的热闹，也不同于完全的知识传授，而是在进行问题探究的过程中，将学科核心素养润物细无声地渗透下去，最后内化为学生的行动。这说明，学科核心素养的培养是需要建立在学科知识和学科能力的基础上，但又不仅仅是学科知识和学科能力，它是在此基础上形成的一种品质和素养，但培养学科素养又不能离开一定的学科知识和学科思维能力，否则，学科核心素养就会失去涵养的土壤。

综合以上分析，在课堂教学中，教师要设计基于学生思维规律和认知规律的问题，设置问题情境，引导学生层层深入地探究—分享—感悟，在这一过程中，加深其对学科知识的理解，形成学科能力，同时又可以为学科素养的培养打好基础。

如在《世界舞台上的中国》一课中，为了引导学生正确认识中国制造在国际上的现状和未来的发展，笔者设计了这样的探究问题。

情境呈现：微视频——李克强总理的圆珠笔笔芯之问

探究问题：

1. 小小的圆珠笔笔芯反映出的真问题是什么？

2. 你认为我国从世界最大的“组装车间”转变成为世界最大的“研发中心”的关键是什么？为什么？

3. 你知道我国为实现这一转变做了哪些事情吗？

教师在学生讨论分析的基础上，出示图片说明我国为实现从制造大国到制造强国的转变，从战略上、理念上、具体措施上所做的工作。

战略：建设制造强国。2015 年 5 月，国务院发布《中国制造 2025》，对建设制造强国战略做出全面安排和部署。

理念：坚持创新驱动发展。《中共中央关于制定国民经济和社会发展第十三个五年规划的建议》明确提出，让创新成为引领发展的第一动力。

措施：倡导和弘扬工匠精神。让“工匠精神”助力我国经济摆脱低端竞争格局，助力中国制造向高端腾飞。

问题是学生素养激发和呈现的“舞台”，人是在解决问题的过程中成长和发展的，对开放性、复杂性生活问题的思考是学生核心素养形成和培养的重要途径和方式。之所以设计以上三个问题，是出于这样几个考虑，首先，学生认知比较浅显，所以，问题的设计主要在于是什么层面，而且，先给学生一个鲜活的情境，让学生从情境中感悟和归纳；其次，为了引导学生深入思考，培养学生思维的层次性，三个问题的设计有一定的梯度，分别从是什么、为什么、如何做三个角度引导学生递进性地思考和解决问题；最后，教师在学生回答的基础上，及时梳理知识，从战略、理念、措施三个角度让学生真实地感受到我国的努力和作为，进一步增强学生的感受。在以上的分析中，渗透培养学生的政治认同、理性精神和公共参与，培养有信仰、有责任心、有担当的中国公民。正如亚里士多德所说：“只有具有理性讨论公共利益能力的人，才适合成为公民。”

3. 选择以学生为本的丰富多彩的活动方式，为培养学生的核心素养提供实践的途径

学科核心素养的培育方式应该是多样的，其重点在于活动体验和实践躬行。因为，学生在课堂上所学习的核心素养只是知识和观念层面的，没有上升到行动和实践层面，只有当学生的担当意识、理性意识、法治观念通过实践活动展现出来的时候，学科核心素养才能真正得到养成。因此，基于学科核心素养的教学要追求更为灵活、开放和多样的方式，让学生“动”起来，促进“核心素养的观念”内化为“核心素养的行动”。

新修订的高中思想政治课课程标准指出，要构建以培育核心素养为

主导的活动型学科课程。它既侧重引导学生在课堂中围绕议题，整合多方面的知识，引导价值判断和选择；同时又增加“社会活动”环节或形式，引导学生走向社会、贴近生活，培养综合运用知识分析和解决实际问题的能力，培养和提升学科素养。

基于这样的理念，在《世界舞台上的中国》一课中，针对学生的认知水平和生活实际，采用多样的课堂活动。学生的生活包括两类：一类是学生亲身经历的；另一类是学生可以接触和了解的。为此，笔者是这样设计环节和活动的，见表3－3。

表3－3 《世界舞台上的中国》教学环节设计

环节	活动	设计意图
世界伴我成长——感受对外开放	小组交流分享： 从生活用品、学习用品等角度分享中国和世界在一起	基于学生的生活实践，学生通过亲身经历的生活体验，依据自己的所看、所感，体会改革开放给我们的生活带来的变化，感悟对外开放基本国策的意义
中国走上世界的舞台——感悟对外开放	微讨论： 中国开放40周年和入世15周年的变化	创设生活情境，引发学生思考、感悟，经过师生的共同探究达成以下共识：实行对外开放的意义和我国形成的对外开放的格局、战略等
中国走到世界舞台中央——问道对外开放	微辩论： 面对新时代，中国的核心技术主要靠研发还是靠引进	创设适合学生探究的问题情境，还原学生生活的真实性、复杂性等，在探究中，渗透核心素养（政治认同、政治参与、理性精神）

三个环节设计的活动都是基于学生的生活体验，这样的活动能激发学生的参与热情和兴趣，在第一环节上，学生纷纷拿出自己身边的用具来展示、说明，气氛非常活跃。三个环节逻辑严谨、层层递进，问题的设计也层层深入。在这样的逻辑引导下，学生才可能形成理性的精神，才可能不断形成逻辑思维能力，为其公共参与等学科核心素养的形成提供能力基础。不同的活动对不同性格的学生有不同的吸引力，会从不同

的角度激发学生参与的兴趣。第三环节的微辩论，极大地激发了学生的辩论热情。学生纷纷为自己的观点站台，课堂上金句频出，精彩不断。理越辩越明，学生在思维、智慧的交锋过程中，深刻体会到新时代中国的对外开放。由制造大国发展成为制造强国，我们的发展离不开世界舞台，正如习近平所说，中国开放的大门不会关闭，只会越开越大。同时，同学们在辩论中引用了袁隆平院士的亩产 1100 多公斤的高产稻、获得诺贝尔奖的屠呦呦、中国制造、中国标准的“复兴号”、中国航天的发展等诸多事例，说明中国的发展最终要靠自己，尤其是核心技术，一定要全国上下团结一致，撸起袖子加油干。伟大的中国梦要靠全体中国人去实现，而且一定会实现，我们伟大的祖国正在强起来！在讨论、辩论中，同学们的政治认同、理性精神、法治意识、公共参与的学科核心素养自然而然地形成，当学生的内心不由自主地为祖国的核心技术的研发而着急，为祖国取得的成就而自豪时，观念中的核心素养已经内化为学生的行动，成为学生的品格。

4. 培养学科核心素养的课堂教学实施中的注意事项

随着以核心素养为核心的新课程改革的不断推进，课堂教学必须凸显对学生的核心素养的培养，因此，教师的课堂教学必须围绕核心素养的培养发力。基于核心素养的课堂教学要处理好三对关系。

(1) 学科知识和学科素养之间的关系。

学科知识是学科素养的知识基础，学科根基。因此，培养学科核心素养不能不讲学科知识，而要以学科知识为载体来培养和提升学科核心素养。笔者浅显地认为，学科知识是“体”，学科核心素养是“魂”。当然，为了培养学科核心素养而不讲学科知识，那就会使学科核心素养成为无源之水、无本之木。教学活动不再是单纯的知识传输—能力培养—情感态度价值观升华的过程，而变成了师生互动、教学相长的过程。在这个过程中，教师的“教”不再局限于教给学生完整的知识体系，而是时刻体现为对学生核心素养的培育与关切；学生的“学”也不仅仅局限于再现和理解教师教授甚至灌输的知识，而主要体现为通过参与课堂进而提升素养。以这一理念为指导的教学过程，就不再是单向的，而是综合的。这种综合，是教与学的综合，也是基于学科核心素养的综合。在教学中要处理好二者关系，不能隔离二者关系。在教学中要处理好二者关系，不能隔离二者关系。充分发挥教师的主导作用，让学生的主体地位进一步彰显，让他们在主动参与的过程中充分发挥优势，才能真正实现素养的提升。

（2）活动内容化和内容活动化的关系。

学科核心素养的培养离不开活动的体验、感悟，需要在丰富的活动中培养，需要借助活动去践行，因此，设计丰富多彩的活动和活动型课程都是推行学科核心素养所必需和必要的。但是要注意，不能不要活动，或者搞“伪”活动，更不能为了活动而活动。而要在宏观把握学科知识和真正了解学生需求的基础上，设计活动，让活动成为承载学科知识、学生需求、核心素养三者的桥梁和纽带。这就需要教师更新教学观念，基于学科核心素养的特点设计教学过程，即以素养为导向、以学科知识为支撑、以学生为主体、放手让学生动、让学生参与。

（3）现象和本质的关系。

学科核心素养的培养对学生的能力和品质提出了更高的要求。因此，教师的课堂设计和实施，不论环节的构建、问题的设计、情境的设置都要有一定的深度，呈现复杂性、多样性，引导学生的参与不断深入，培养学生品质的深刻性、创新性等，不能把教学停留在形式和表面。

致天下之治者在人才，成天下之才者在教化。而在教化过程中起关键作用的是教师。教师是学生学习生活中的重要元素，学生一天的大部分时间是在学校度过的，在学校的学习中，他会和各科教师打交道，教师除了是学生学习知识的引领者，更是学生行为习惯、价值观的培养者。教师可以通过学科课堂教学的内容、学校的相关规定，甚至是自己潜移默化的言行举止，要求或者影响学生养成良好的行为习惯，规范和引导学生形成良好的世界观、人际交往观、国家观、历史观、是非观。因此，教师在学生成长中的作用是不能低估也不容低估的。正如习近平主席在全国思想政治课教师座谈会上所强调的，办好思想政治理论课关键在教师，关键在发挥教师的积极性、主动性、创造性。

那么，教师如何才能引导学生形成正确的价值观，形成社会主义核心价值观呢？2019 年 3 月 18 日上午，习近平总书记主持召开学校思想政治理论课教师座谈会并强调指出：思想政治课教师，要给学生心灵埋下真善美的种子，引导学生扣好人生第一粒扣子。第一，政治要强，让有信仰的人讲信仰，善于从政治上看问题，在大是大非面前保持政治清醒。第二，情怀要深，保持家国情怀，心里装着国家和民族，在党和人民的伟大实践中关注时代、关注社会，汲取养分、丰富思想。第三，思维要新，学会辩证唯物主义和历史唯物主义，创新课堂教学，给学生深刻的学习体验，引导学生树立正确的理想信念，学会正确的思维方法。第四，视野要广，有知识视野、国际视野、历史视野，通过生动、深入、具体的纵横比较，把一些道理讲明白、讲清楚。第五，自律要严，做到课上课下一致、网上网下一致，自觉弘扬主旋律，积极传递正能量。第六，人格要正，有人格才有吸引力。亲其师，才能信其道。要有堂堂正正的人格，用高尚的人格感染学生、赢得学生，用真理的力量感召学生，以深厚的理论功底赢得学生，自觉作好为学为人的表率，做让学生喜爱的人。

这就要求思想政治学科的教师要不断学习，修养自身，站稳讲台。打铁还须自身硬，只有坚定了自己的信仰，让自己真学、真信，才能引导学生学，影响学生信。古语说，子帅为正，孰敢不正。从某种角度上来说，教师就是学生在学校生活中的子帅，我们要用自己积极的价值观、良好的行为习惯、高尚的品格去引导学生、去引领学生，在学生人生的“拔节孕穗期”，引导学生扣好人生第一粒扣子；立物易，立心难。立心的前提是要走心，要让学生走心，教师就要用心，用心了解时代的发展趋势，用心设计教学、用心揣摩学生；要让学生走心，教师就要更加精心，精心把握党和国家倡导的时代主流价值和核心价值，精心设计适合学生的、能够引领学生成长的课堂教学，精心了解学生的真实需求和需要解决的真问题。要做到这些，就需要教师不仅要成为合格的教师，更要成为敬业的教师，不仅把教学当作职业，更要作为事业。家有五斗粮，不当孩子王。但是，一旦当了孩子王，就不能仅仅为了五斗粮。因为，一旦成为教师，不仅承担着使学生成长为健康的社会人的责任，更承担着为国家的未来培养合格接班人的重任。

培养担当民族复兴大任的时代新人是一项系统工程，需要全社会共同努力。作为思想政治课的教师应站在民族复兴大业的高度，充分发挥思想政治课育人的主阵地功能，树立担当意识，发扬实干精神，吹响育人的集结号！

四

高中思想政治课课堂教学实例

对教师的课堂设计和课堂教学，笔者一直秉承这样的观点和理念：见仁见智，百花齐放，也可以百家争鸣。每个教师的专业素养不同、教学习惯不同、生活阅历不同、思维方式不同，面对的地区、学生的特点也不同，因此，可以根据自己的特点、教学内容的特点、学生的特点，选择不同的教学方式。笔者在这里附录自己的课堂教学方式，不是说明这一教学方式好，而是基于两点考虑：一是笔者在前面的分析中已经引用了某些课堂教学的环节，可能有读者有兴趣了解整节课的设计是怎样的，所以，笔者把相关课的完整教学设计附录在这里，给感兴趣的读者阅读和了解；二是笔者选择了基于情境设计的课堂教学设计、基于议题式的教学设计和基于活动型的教学设计三种类型，这三种课型的教学方式在现阶段的思想政治课教学中具有一定的典型性和代表性，展示出来和大家交流，希望达到抛砖引玉的目的。

（一）课题：规则——迈向社会第一课

1. 教学指导思想

建构主义理论：当代建构主义者主张，学生是学习的主体。学习不是由教师把知识简单地传递给学生，而是由学生自己建构知识的过程。学生不是简单被动地接收信息，而是主动地建构知识的意义，这种建构是无法由他人来代替的。

《普通初中思想政治课程标准》（2011 年版）："以初中生生活为基础、以引导和促进初中生思想品德发展为根本目的。"以社会主义核心价值体系为导向，旨在促进初中学生道德品质、健康心理、法律意识和公民意识的进一步发展，形成乐观向上的生活态度，逐步树立正确的世界观、人生观、价值观。

2. 学情分析

学生是初中生，他们了解规则，遵守规则，但有时又漠视规则，敢于挑战规则。因此，带他们探究规则的重要性，探究遵守规则之道是非常有意义且迫切的。

学生比较关注国家和社会的发展，对课堂上讨论时政问题有热情，适应情境探究式教学方式。他们的环保观念、生态保护意识很强；重视权利意识和责任意识，对建设法治中国有共识，强调民主、公平、平等。

3. 教学目标

（1）了解规则的含义，规则和自由的关系；理解遵守规则的重要性；明确遵守规则的要求。

（2）通过分析归纳情境、分析情境，提升学生思维的层次性和深刻性。通过角色扮演等活动，引导学生树立规则意识、法治精神，增强公民意识。培养学生的公共参与、政治认同等学科素养。

4. 教学重难点：如何遵守规则

5. 教学方式：情境体验式、合作探究式等

6. 教学过程

环节一：感受规则

导入：2017 年 4 月 15 日是第二个全民国家安全教育日。国家安全与我们每个人息息相关，因为国家安全是个人安全的前提和保障。那么，如何才能保障国家的安全呢？

教师提问：实现国家安全的最基本要求是什么？请选择一个恰当的词来表述。

学生讨论回答。

教师归纳：保障国家安全需要全社会树立规则意识，这样才能保障社会的有序运行。因此，作为初入社会的学生，国家未来的建设者，树立规则意识，学会遵守规则尤为重要。

引入课题：规则—迈向社会第一课。

环节二：感悟规则

教师提问：除了刚才视频中提到的规则，你还知道哪些规则？

学生讨论回答。

教师引导：社会规则有很多，大到国家的基本规则——宪法，小到游戏规则，规则贯穿于我们生活的方方面面。例如，红灯停绿灯行，中学生行为准则，市场管理规定，足球、篮球比赛规则等。

教师提问：那么，什么是规则？谁制定的规则？

学生讨论回答。

教师分析展示：

规则的含义：规则是规定出来供大家共同遵守的约定、条例、章程等。

规则的内容：纪律（校规）、法律、社会公德等。

规则的制定：一般指由群众共同制定、公认或由代表人统一制定并通过的，由成员共同遵守。

教师引导过渡：人类社会为什么要制定规则，坚守规则呢？下面我们一起来探讨。

教师导入：共享单车自出现以来，以其便捷、绿色、经济得到社会的认可，发展迅速。但也带来了一系列问题。

情境呈现："危险"的共享单车

共享单车因其解决了出行"最后一公里"的难题，除上班族以外，每天上下学期间还有不少学生也成了"骑行客"。近日，在上海市浙江北路路口，一名年仅11岁的男孩，在骑行共享单车的过程中与大型客车相撞，被卷入车底导致身亡，由此引发的共享单车安全问题再次成为热议话题。有媒体呼吁："别让共享单车成为危害孩子安全的隐患。"

探究问题：共享单车成为危害孩子安全的隐患，谁之过？这给我们带来什么启示？

学生讨论回答。

教师引导分析：便利的共享单车成为危害孩子安全的隐患，是综合因素导致的。共享单车企业相关服务不到位、管理滞后是原因之一；家长安全意识、规则意识淡薄是原因之二；学生不知道规则、不遵守规则是原因之三；相关管理部门没有加强监管、提前告知是原因之四。所有的因素中共性的一点就是规则意识不到位。因此，制定规则、坚守规则就成为维护人类生命安全的底线。

教师分析：基于此，管理部门完善了相关规定。《中华人民共和国道路交通安全法实施条例》第72条规定，驾驶自行车、三轮车在道路上行驶的驾驶人必须年满 12 周岁。交通运输部、中央宣传部、中央网信办等十部门联合印发《关于鼓励和规范互联网租赁自行车发展的指导意见》，明确规定禁止向未满 12 周岁的儿童提供服务。

师生共同探究达成的共识：制定规则的意义之一——保障个体生存发展的底线。生命安全权是最基本的人权，而规则是保障生命安全的底线，因此，保障人民的生存发展需要规则。

教师分析：为了保证人民的生命健康，国家还制定了相关的法律法规来保障公民的生存和发展。如教育部等九部门发布《关于防治中小学生欺凌和暴力的指导意见》《北京市网络食品经营监督管理办法（暂行）》……这充分体现出我们党和政府以人为本的理念。

教师引导过渡：共享单车不仅危害到儿童的安全，从某种程度上还威胁到了社会安全，这又是什么原因造成的呢？我们一起来诊断共享单车"任性"的问题。

情境呈现：

视频："任性"的共享单车（选自 CCTV13—新闻直播间）

探究问题：

1. 共享单车停得任性、用得任性，造成共享单车"任性"的根源在哪里？

2. "任性"会带来什么后果？

3. 遏制"任性"最有效的措施是什么？

学生讨论回答。

教师引导总结：我们知道社会是由人组成的，而人的欲望是多样的、多元的，有些需求如果站在自己的角度是合理的，但如果站在集体的角度就会妨碍别人，就像共享单车，随意停放就会影响交通秩序，带来安全隐患。因此，为了人类社会的和谐发展，我们必须制定规则。正如孔子所说：从心所欲，不逾矩。为了社会的和谐发展，国家制定了很多法律。如治国安邦的总章程，国家的根本法——宪法；市民生活基本行为规范——民法总则，其第一条规定为了保护民事主体的合法权益，调整民事关系，第二条规定民事主体从事民事活动，不得违反法律，不得违背公序良俗。

教师引导过渡：有时在某些地点，我们会看到共享单车被无序地叠放在一起。我们一起来看“疯狂”的共享单车。

情境呈现：

情境一：视频资料，共享单车侵占公共资源，无序停放为城市添堵（北京卫视栏目）

情境二：据了解，国内最早的共享单车企业创立于2014年，到2016年年底，国内共享单车用户数激增700%。据资料统计，截至2017年9月，北京市共享单车企业，投放运营车辆达235万辆。据科学估算，常住人口中，每50人拥有一辆共享单车比较合适，北京仅需要43万辆共享单车。据测算，北京共享单车市场的饱和率是113.76%。

探究问题：

1. 为什么企业要“疯狂”投放共享单车？

2. “疯狂”投放给社会带来了哪些不良影响？

3. 如何让“疯狂”的共享单车回归理性？

学生讨论回答。

教师分析归纳：企业“疯狂”投放共享单车是为了企业自身的利益，造成无序竞争的后果，也带来了市容的破坏等一系列社会问题和安全隐患。因此，社会有序发展需要规则来维护。秩序和规则的关系是这样的：规则明确秩序的内容，即明确社会生活各方面的关系，明确社会成员的权利和责任；规则保障秩序的实现，社会规则的约束作用可以让社会良性运行。

通过以上分析，可以得出这样的结论：社会是由各个行业组成的，各行业只有有序运作，社会才能有序、高效运转。因此，社会有序发展需要规则。所以，规则制定的意义之一是社会有序高效运转。

教师总结：奉法者强则国强，奉法者弱则国弱。为了社会各行各业的有序发展，我们国家坚持依法治国，用法律保障社会的和谐稳定；同时，我们提出了社会主义核心价值观，让人们从心底迸发对善的敬重、对美的向往，引领国家前进的方向。我国本着共商共建共享的原则，提出“一带一路”倡议，积极发展与沿线国家和地区的经济合作伙伴关系，共同打造政治互信、经济融合、文化包容的利益共同体、命运共同体和责任共同体，在合作共赢的阳光大道上行稳致远；面对“逆全球化”风向回潮、贸易保护主义抬头等倾向，2018 年 4 月在博鳌论坛上，习近平主席向全球发出了中国对外开放再扩大、全面深化改革再出发的新时代强音，让徘徊迷惘中的世界经济拨云见日，重振信心！

教师分析：通过以上分析，我们明白了这样的道理，即规则，可以让生活更安全；规则，可以让城市更文明；规则，可以让社会更有序；规则，可以让世界更美好！因此，我们应该树立规则意识：理解认同规则，尊重敬畏规则，遵守维护规则。

环节三：维护规则

教师引导过渡：我们每个人都要树立规则意识，学会遵守、维护规则。现代社会，应该说绝大部分人都有规则意识，但是为什么现实生活中总有人破坏规则，遵守规则到底难在哪里？怎样破解这一难题呢？下面我们一起探讨。

情境呈现：

铁路运行尤其是高铁运行，简单地说叫“高、大、半”，即全国路网高度集中调度、交通运输大动脉、半军事化运行。高铁时速 300 公里，每分钟能跑出 5 公里，4 分钟就能跑出 20 公里。在一个点上耽误 4 分钟就可能影响全国路网的运行，进而影响几万、几十万人的正常出行。

教师引导过渡：你们坐过高铁和飞机吗？在飞机场听到过提醒某个乘客飞机要起飞，请抓紧时间登机的广播吗？高铁可以等迟到的人吗？

材料一：《中华人民共和国治安管理处罚法》第二十三条规定：

扰乱公共汽车、电车、火车、船舶、航空器或者其他公共交通工具上的秩序的，处警告或者200元以下罚款；情节较重的，处5日以上10日以下拘留，可以并处500元以下罚款。

材料二：中华人民共和国国务院令第639号《铁路安全管理条例》第七十七条明确规定：禁止实施非法拦截列车、阻断铁路运输，扰乱铁路运输指挥调度机构以及车站、列车的正常秩序等危害铁路安全的行为。如果有违反者，由公安机关责令改正，对单位处1万元以上5万元以下的罚款，对个人处500元以上2000元以下的罚款。

教师引导过渡：但是，最近发生了一件全国关注度极高的高铁等人事件。

情境呈现：

2018年1月5日，由蚌埠南开往广州南站的G1747次列车在合肥站停站办客时，一名带着孩子的女性旅客以等丈夫为由，用身体强行阻挡车门关闭，铁路工作人员和乘客多次劝解，该女子多番强调自己丈夫"只要10秒钟"就到了、"等家人是自己的权利和自由"，并要求列车员通知检票员放行其爱人，最终造成该班列车晚点发车。

探究问题：

面对这一事件，如果你是同车乘客或者乘警或者家人或者旁观者，如何评价"她"阻挡列车发车等家人这一行为？

学生分组讨论、回答。

教师汇总：这个问题一开始就给大家设置了一个身份，很多人就会根据这个身份去思考问题，但是大家要注意一个问题，不管是什么身份，你跟这个当事人是怎样的一个关系，我们都有一个共同的身份，那就是规则的遵守者和守护者，只有站在规则的角度，我们才会不受任何利益的限制，才能做出正确的评价。

教师提问：对维护"自由和权利"的行为，你的态度是：理解、接受；认可、赞同还是反对、谴责？

学生踊跃讨论，积极回答。

教师归纳总结：合法的权利和自由虽然是法律赋予每个人的，具有正当性，但是它是规则、法律范围内的自由。正如孟德斯鸠所说：自由就是做法律（规则）所许可的一切事情的权力。因此，规则和自由的关系是这样的：规则规范和保障自由。规则为自由定界，保障自由；而自由则赋予规则温度，没有自由的规则就是遏制。

教师分析并引导过渡：这位堵门人很明显割裂了“自由和规则”的关系，只考虑自由而忽视了规则，只强调权利而无视了法律；只强调了自己的利益而忽视了他人的利益。这种观点是错误的，这种维权的做法恰恰是违规的行为，必然给自己带来一定的后果。

情境呈现：

教育局：责成当事人立即停职检查……

合肥铁路公安机构：督促其改正错误，同时罚款2000元。

探究问题：为什么她会有这样的行为呢？

学生讨论回答。

教师分析总结：可能她平时就无视规则，“堵门”事件只是她平时行为的一个缩影；也可能当时过于着急，处于一种不理性的情绪状态下；还可能是平时就为自己考虑得较多，是站在自己的立场上思考问题的结果。总之，遵守规则要求告诉我们，遵守规则可以这样做：深耕规则意识，重视习惯养成，善于管理情绪，常怀敬畏之心。

教师引导过渡：作为一名优秀教师，为什么会做出堵车门的行为呢？当时到底发生了什么呢？让我们还原事件的真相。

情境呈现：

据调查，该女子当天和丈夫带女儿去广州参加第二天的比赛，这趟列车是当天发往广州的最后一趟车。当时一家三口因为出来晚了，到车站时，已经停止检票了，但因为闸门没来得及关上，所以，母女俩先上车了，重要证件和行李都在丈夫处。而丈夫因为带的东西多，走得慢，被关闸门的工作人员拦下。这才发生了“堵车门等人”事件。

探究问题：

如果你是该女士的同车人，当时面对“她”的行为，你会怎样做？

劝其改签；站在女子的角度帮腔；呵斥该女子的行为；围观、拍照、上传网络。

学生讨论回答。

教师总结：遵守规则、维护规则，需要他律和自律相结合。遵守规则从我做起，倡导做规则的维护者。

教师引导过渡：我们在指责该教师的同时，回头再来审视一下现场的执法。

情境呈现：“三问”铁路部门现场执法

既然已经停止了检票，该女子与她的小孩为何还可以闯过闸门？没有车票的该女子和小孩又是怎么上的动车？堵车门大闹的结果为什么是他们一家三人上了车，当天抵达了目的地？

探究问题：

1. 对这样的执法你作何评价？

2. 这又给我们什么启示？

学生讨论回答。

教师总结：在全社会形成规则意识是个系统工程。除了从个人的角度要加强自律和他律之外，还需要相关部门加强监管，举全社会之力，让违背规则者无处遁形。

教师追问：为什么“堵车门”事件会引起全国网民的关注和热议？这给我们什么启示？

学生讨论回答。

教师归纳总结：这一事件之所以在全国引起极大的轰动，恰恰体现了全社会对规则意识的重视，对无视规则、漠视规则现象的担心和谴责。正如柏拉图曾说过的，人类对于这种不公正行为加以指责，并非因为他们愿意做出这种行为，而是唯恐自己成为这种行为的牺牲者。这也说明：呼唤规则、坚守规则日益成为法治社会的共识。

教师引导过渡：2017年通过的《民法总则》是公民生活基本的行为规范。其第一章第九条规定，民事主体从事民事活动，应当有利于节约资源、保护生态环境。

探究问题：2017年通过的《民法总则》中为什么要增加“绿色”这一基本原则？

学生讨论回答。

教师总结：我国现在的历史定位是中国特色社会主义新时代，现阶段的主要矛盾是人民日益增长的美好生活需要和不平衡不充分的发展之间的矛盾。新时代要求经济实现高质量发展，需要坚持新的五大发展理念，即创新、协调、绿色、开放、共享。所以，《民法总则》中增加“绿色”的规定。这说明规则不是永恒不变的，会随着时代的变化而变化。因此，在遵守规则的同时，我们还要调整规则、改善规则、发展规则。

环节四：制定规则

教师引导过渡：通过共同分析，我们大体了解了坚持和制定规则的原因和意义；明确了遵守规则的要求。下面，我们变身为规则的制定者，一起来完成一个活动。

分组活动：北京市为了进一步规范共享单车的发展，向全社会征集管理共享单车的意见和建议。请你选择下面任何一组，结合自己的骑行经验，提出具体的建议。

完成内容：

1. 共享单车规范停放规则

2. 共享单车投放维护规则

3. 共享单车骑行安全规则

教师总结：

规则是人类走向文明的标志，是维护人类社会有序和谐的底线，规则维护着你我他，当然需要你我他共同努力遵守规则。从我做起、从现在做起，让遵守规则成为一种习惯！

附：本节课课堂教学设计，见表4-1。

表 4－1　《规则——迈向社会第一课》教学设计

教学环节	情境设置	问题	教师活动	学生活动	设计意图
环节一：规则，处处有——感受“规则”	《国家安全》公益广告	2017 年 4 月 15 日是国家第二个安全教育日。国家安全与我们每个人息息相关，只有国家安全了，才能有我们每个人的安全。结合视频内容思考：保证国家安全的最基本要求是什么	精选视频设置问题	观看、讨论、思考	引出课题
环节二：规则，有意义——感悟规则	讨论：社会生活有哪些规则？		设置问题	讨论	了解规则的含义、内容等
	“危险”的共享单车	为什么共享单车会成为威胁孩子安全的隐患	精选案例设置问题组织讨论	谈论	理解规则的制定是为了维护个体安全的需要
	“任性的”共享单车	造成共享单车“任性”的根源在哪里；“任性”的后果是什么；遏制“任性”的最有效的措施是什么	精选案例设置问题组织讨论	讨论、回答	理解社会和谐发展需要规则
	“疯狂”的共享单车	造成共享单车“疯狂”的根源在哪里；“疯狂”给社会带来了哪些不良影响；如何让“疯狂”的共享单车回归理性	精选案例设置问题组织讨论	讨论、回答	理解秩序和规则的关系、规则是社会有序高效运转的保障

续表

教学环节	情境设置	问题	教师活动	学生活动	设计意图
环节三：规则，我维护	合肥女教师拦动车车门事件	请用一个词来评价这一行为。如何看待“她”的行为	精选案例 设置问题 组织讨论	讨论、回答	理解规则和自由的关系
	案例还原	为什么“她”会做出这样的行为； “她”的行为给我们带来哪些思考	精选案例 设置问题 组织讨论	讨论、回答	理解认同规则；尊重敬畏规则；遵守维护规则
		如果你是该女士的同车人，当时面对“她”的行为，你会怎样做	精选案例 设置问题 组织讨论	讨论、回答	遵守规则从我做起；做规则的维护者
	聚焦铁路部门现场执法	如何评价、带来哪些思考	讨论、回答	讨论、回答	遵守规则是系统工程
		为什么这一现象会引起全国的关注和热议？这给我们什么启示	精选案例 设置问题 组织讨论	讨论、回答	树立规则意识，形成遵守规则的氛围，有利于社会的和谐发展
	民事主体从事民事活动，应当有利于节约资源、保护生态环境 ——《民法总则》第一章第九条基本规定	2017年通过的《民法总则》中为什么要把“绿色”作为基本原则	精选案例 设置问题 组织讨论	讨论、回答	调整、完善、发展规则

续表

教学环节	情境设置	问题	教师活动	学生活动	设计意图
环节四：规则，我制定	北京市为了进一步规范共享单车的发展，向全社会征集管理共享单车的意见和建议。请你选择下面任何一组，参与其中。 共享单车停放规则 共享单车投放、维护、骑行安全规则	共享经济，携手共建	组织	分组讨论、制定规则	践行规则，制定规则

（二）课题：新时代，如何发展更高层次的对外开放型经济——致敬改革开放四十年

1. 指导思想

党的十九大报告提出，“推动形成全面开放新格局”。中国开放的大门不会关闭，只会越开越大。

《普通高中思想政治课程标准》（2017 年版）：高中思想政治以立德树人为根本任务，以培育社会主义核心价值观为根本目的，是帮助学生确立正确的政治方向、提高思想政治学科核心素养、增强社会理解和参与能力的综合性、活动型学科课程。

建构主义理论：当代建构主义者主张，学生是学习的主体。学习不是由教师把知识简单地传递给学生，而是由学生自己建构知识的过程。学生不是简单被动地接收信息，而是主动地建构知识的主人。

2. 教学目标

通过设置问题情境，了解对外开放40年的成果，明确中国既是对外开放的受益者也是世界经济发展的贡献者，理解我国现阶段发展更高层次的对外开放的必要性。

通过深度阅读、分组讨论交流，明确新时代如何进行更高层次的对外开放。

通过探究情境、阅读材料等，提高抽象概括能力和辩证思维能力，认同我国对外开放的基本国策，树立道路自信、制度自信，积极投身社会主义现代化建设。

3. 教学方式：任务驱动式教学、合作探究式教学

4. 教学过程

环节一：回顾历史，对外开放40年，文明古国惊艳世界

教师导入：

同学们，2018年是改革开放40周年。40年的改革开放深刻改变了中国，震撼了世界。今天这节课，我们将聚焦对外开放，一起去感受对外开放40年的历史巨变，同时，立足当下，探究如何发展更高层次的开放型经济。

对于改革开放40年的成果，在2018年《纪念改革开放40周年》大会上，习近平主席给出了这样的评价：40年风雨同舟，40年披荆斩棘，40年砥砺奋进，我们党引领人民绘就了一幅波澜壮阔、气势恢宏的历史画卷，谱写了一曲感天动地、气壮山河的奋斗赞歌。

教师引导过渡：这是怎样的一幅历史画卷，怎样的一曲奋斗赞歌呢？下面，请同学们阅读学习任务一（附后），分析交流：40年的对外开放是怎样改变中国、影响世界的？

学生结合学习任务：阅读、讨论、分享、交流

教师提炼总结：

对外开放的主体是人民群众，人民群众也是对外开放的受益者。40年来，人民生活中的“洋货”从稀缺到数量、品种、购买方式的全面丰富，再到当下，人们对“洋货”“洋品牌”的消费越来越理性，越来越追求高品质。即对外开放40年，人民生活中的“洋货”变迁经历了从短缺到丰富再到现在追求更高品质的发展历程。

同样，对外开放40年，我国对外贸易的发展经历了从小国到大国再到当下越来越追求以质量、品牌、技术为支撑的贸易强国的过程。

生活的变化、贸易的发展离不开生产的支撑。对外开放40年，我国生产制造业的发展经历了从世界组装车间到世界大工厂再到中国质造，当下，我们生产质量的提升要以我们自己的核心技术、自己的产业标准为支撑。实际上现在的企业中华为、吉利、中国高铁、中国航天、港珠澳大桥等都是中国制造、中国质量、中国标准。未来，希望世界的芯就是中国芯。即我国生产制造经历了从中国制造、世界工厂到中国质造、中国质量优先，再到现在的中国智造、开始以中国标准引领制造业的发展。中国经济从世界经济的跟随者到同行者再到先行者，我国一步一步来到世界舞台的中央。

经济的交往是双向的，在对外开放、积极参与经济全球化的过程中，中国发生了翻天覆地的变化，是经济全球化的受益者。同时，在对外开放过程中，中国也是开放型世界经济的贡献者：我国经济快速增长，为全球经济稳定和增长提供了持续强大的动力，是世界经济增长的稳定动力源。我国是世界上最大的发展中国家，是各国拓展商机的活力大市场。我国同一大批国家的联动发展，使全球经济发展更加平衡。我国减贫事业的巨大成就使全球经济增长更加包容。我国改革开放的持续发展推进，为开放型世界经济发展提供了重要动力。

教师分析：从改革开放40年成果来看，我国是经济全球化的受益

者。40 年来，开放促改革促发展，使我国成为世界第二大经济体、制造业第一大国、货物贸易第一大国、商品消费第二大国、外资流入第二大国。开放型经济体系逐步形成，开放型市场经济体制逐步健全。与此同时，我国也是经济全球化的贡献者。我国积极参与经济全球化进程，为推动人类共同发展做出了应有贡献。中国始终是世界经济增长的稳定动力源，始终是各国拓展商机的活力大市场，使全球经济发展更加平衡，为开放型世界经济的发展提供了重要动力。

教师引导过渡：我国的对外开放也得到了世界上其他国家的认可。

情境呈现：

美国《时代》杂志封面首次以英文及简体中文两种文字呈现“中国赢了”（China won）；新加坡《海峡时报》“世界上没有一个角落未曾感受到它的影响”。

探究问题：中国靠什么“赢了”？

学生讨论回答。

教师分析引导：得益于经济全球化。经济全球化把整个世界作为一个大市场，促进了贸易、人员、技术、资本的流动，为世界经济发展提供了强大的动力。经济全球化为我国经济发展提供了大舞台。有舞台还需要我国打开国门，走上舞台。从 1978 年以来，我国一以贯之地坚持和贯彻对外开放基本国策，打开国门搞建设。1978 年党的十一届三中全会宣布对外开放，实现了打开国门搞建设的历史性转变，中国走上了世界舞台。2001 年加入世界贸易组织，在更大范围、更高水平上参与国际经济合作和竞争，对外开放进入了新的阶段，中国深度融入世界。党的十八大以来，对外开放范围、领域、层次不断拓展，形成多层次、全方位、宽领域的开放大格局。中国来到世界舞台中央。

教师总结：打开国门我们可以分享世界发展的机遇，但是把机遇转变成实实在在的红利的是我国人民的艰苦奋斗。正如习近平同志所说，

40年来取得的成就不是天上掉下来的，更不是别人恩赐施舍的，而是全党全国各族人民用勤劳、智慧、勇气干出来的！（选自2018年12月18日庆祝改革开放40周年大会讲话）

教师引导过渡：我们赶上了好时代，坚持了适合自己的好政策，靠人民自己的艰苦奋斗，坚持了中国特色社会主义道路，实现了中国和世界的双赢。

环节二：立足当下，不惑中国，敞开怀抱，进行更高层次的对外开放

教师引导过渡：开放促改革、促发展，40年春风化雨、春华秋实，当下的中国已经进入新时代、站在新起点。当今世界处于大变革、大调整、大发展时期，有些国家奉行“本国利益优先”，奉行单边主义、贸易主义。经过40年的发展，中国特色社会主义进入新时代，中国经济发展也进入了新时代，经济发展由高速发展进入高质量增长。同时，世界进入了百年一遇的大变革、大调整、大发展时期。我国的对外开放又将如何更上一层楼呢？走进新时代，站在新起点，面对新问题，我国是选择继续开放还是关起门来过自己的小日子呢？

学生讨论辩论回答。

教师分析总结：进入新时代，我国现阶段社会主要矛盾是人民日益增长的美好生活需要和不平衡、不充分发展之间的矛盾，我国经济发展由高速增长阶段转向高质量发展阶段，要实现高质量的发展；40年的发展，我国站在新的起点，人民生活、贸易发展、生产制造等都发展到了新的阶段，要求更好、更高和更强的发展。要实现更好、更高、更强的发展，就需要加快转变对外经济发展方式，优结构、拓深度、提效益。加强创新能力开放合作，培育以技术、质量、品牌等为核心的竞争新优势。建贸易、制造强国，发展更高层次的开放型经济，这样才能更好地满足人民追求美好生活的需求。

正如习近平同志所说：开放带来进步，封闭必然落后。中国的发展离不开世界，世界的繁荣也需要中国。坚持对外开放的基本国策，实行积极主动的开放政策。（选自2018年12月18日庆祝改革开放40周年大会讲话）

教师引导过渡：中国的对外开放走过了万水千山，还要跋山涉水。那么，我们要进行怎样的对外开放呢？

学生结合学习任务二，完成探究任务：新时代，我国如何发展更高层次的开放型经济？

学生阅读、归纳、分组讨论、交流、汇报。

教师引导分析总结：发展更高层次的开放型经济，是个系统工程，需要举全国之力。从党的层面讲，需要加强政治领导，带领中国人民向更高的目标迈进。从政府层面看，政府转变职能，完善市场经济体制，营造公平的竞争环境、拓宽市场准入，需要继续坚持对外开放的基本国策，适应经济全球化的新形势，主动参与和推动经济全球化。以“一带一路”建设为重点，遵循共商共建共享原则，支持多边贸易体制，引导经济全球化朝着更加开放、包容、普惠、平衡、共赢的方向发展。扩大对外开放，坚持引进来和走出去并重，遵循共商共建共享的原则，加强创新能力的开放合作，实施高水平的贸易和投资自由化便利化政策，形成陆海内外联动、东西双方互济的全方位、宽领域、深层次的开放格局。从企业层面讲，企业是国民经济的细胞，细胞健康生命体才有活力。发展高层次的对外开放型经济，需要企业作为，更会引领企业高层次的作为，大大提高我国经济的实力和活力。需要树立正确的经营战略，坚持引进来和走出去相结合，利用两种市场、两种资源发展自己。提升自主创新能力和科学管理，优化产品结构，形成以核心技术、质量、品牌等为核心的企业竞争力。树立责任意识、使命意识、规则意识、风险意识，展示中国好形象，增强抵御风险的能力。

教师分析：深层次的对外开放的发展会推动改革的发展，以开放促改革、促发展。改革开放相互促进，推动我国经济实现高质量的发展，更好地解决新时代的主要矛盾，朝着两个百年的目标迈进。同时，合作共赢、共商共建共享的中国方案不仅为世界经济的发展助力前行，还有利于构建人类命运共同体，而且逐渐成为全球治理的共识。中国从世界舞台的参与者、贡献者逐渐成为先行者。从公民的层面讲，作为经济活动的参与者，我们要遵守市场规则，做市场经济的守法者、守信者，在实际生活中，需要我们每个公民坚持权利义务相统一的原则，处理好个人利益和国家利益的关系，做党和国家经济政策坚定的支持者和践行者，做好移动的中国名片。

教师引导过渡：40 年的改革开放，我们是受益者，下一个 40 年，将会是你们的主场。未来的中国会在世界舞台处于什么地位，下面让我们一起来描绘。

环节三：展望未来，更高层次的对外开放，乘风破浪、行稳致远

学生活动：描绘发展更高层次的开放型经济之美。

学生描绘、展示，共同描绘美好的未来。

教师引导总结：

今天，我们一起回顾了历史，感受了对外开放 40 年的沧桑巨变；立足当下，探究了如何发展更高层次的开放型经济之路；畅想未来，描绘了下一个 40 年的美好画卷。

改革不停顿，开放不止步。正如习近平主席所说：经历了无数次狂风骤雨，大海依旧在这儿；经历了 5000 多年的艰难困苦，中国依旧在这儿；面向未来，中国将永远在这儿！因为你在哪里，中国就在哪里。希望同学们努力，为中国！奋斗，为中国！

附

1. 本节课课堂教学设计，见表4－2。

表4－2　《新时代如何发展更高层次的对外开放型经济》教学设计

<table>
<tr><th>教学环节</th><th>情境设置</th><th>教师活动</th><th>学生活动</th><th>设计意图</th></tr>
<tr><td rowspan="2">环节一：回顾历史，领悟发展更高层次的开放型经济之因</td><td>阅读：学习任务归纳概括提炼观点</td><td>精选材料，设置问题，引导交流</td><td>阅读，归纳，交流，分享</td><td rowspan="2">了解我国对外开放40年取得的成果；理解我国是经济全球化的受益者，更是贡献者；培养学生的政治认同和科学精神；树立道路自信、制度自信和文化自信</td></tr>
<tr><td>探究：改革开放40年取得巨大成功的原因</td><td>引导讨论，启发深度思考</td><td>讨论、交流</td></tr>
<tr><td>环节二：聚焦当下，明确发展更高层次的开放型经济之切</td><td>辨析：在“船到中流浪更急、人到半山路更陡”的时候，我国的大门应开放还是封闭</td><td>设置问题，引发思考</td><td>思考，厘清，判断，选择</td><td rowspan="2">理解明确：新时代、新起点要求更高层次的对外开放；进行更高层次的开放要坚持主动开放、公平开放、全方位的开放、共享共建的开放；培养学生的自信和自豪感；责任意识和担当意识</td></tr>
<tr><td>环节三：解读新闻，探究发展更高层次的开放型经济之路</td><td>探究、交流：发展更高层次的开放型经济的举措</td><td>精选材料，设置问题，引导交流，提炼观点</td><td>阅读、讨论分享、交流</td></tr>
<tr><td>环节四：畅想未来，展望更高层次的开放型经济之美</td><td>描绘发展更高层次的开放型经济的下一个十年</td><td>引导展示</td><td>学生参与</td><td>畅想未来，祝福祖国，承担责任</td></tr>
</table>

2. 学生阅读资料

历史巨变：我国对外开放的成果

一、对外开放发展了中国，强大了中国

对外开放大大提升了亿万人民的生活水平。2017年，全国居民人

均可支配收入达到25 974元，扣除价格因素，比1978年实际增长22.8倍。过去几十年，我国7亿多人口摆脱贫困，并将在2020年实现全面脱贫，创造人类减贫史上的奇迹。对外开放深刻改变了中国人的精神面貌。对外开放打开了思想解放的闸门。

表4-3　对外开放与对外贸易和投资对比变化表

内容	变化发展			
	统计项目	1978年	2017年	备注
对外贸易数量增大，全球货物贸易第一大国	进出口总额（万亿元）	0.0355	27.8	783倍
对外贸易结构优化，质量提升	初级产品出口比重	53.5%	5.2%	—
	工业制成品出口比重	46.5%	94.8%	—
	高级技术产品出口比重	2%	28.8%	—
	服务贸易进出口总额（万亿元）	—	6.95	比1982年增长147倍
贸易市场日趋多元	贸易伙伴数量（个）	40	231	5.7倍
对外投资和使用外资	外商直接投资（万亿美元）	—	2	—
	对外直接投资存量（万亿美元）	—	1.8	—

通过对外开放，我国获得了更多推动发展所必需的资金、技术、资源、市场、人才乃至机遇，不断为经济发展注入新动力、增添新活力、拓展新空间。在对外开放进程中，一大批熟悉国际市场规则、全球配置资源、具备国际竞争力的跨国企业成长起来，有力提升了我国经济的国际竞争力。20多年前，世界500强企业中，中国只有3家，而到了2018年，中国上榜企业已经达到了120家，仅次于美国的126家。

二、对外开放造福了世界

近些年来，中国经济对世界经济增长的贡献率一直保持在30%以上，是拉动世界经济复苏和增长的重要引擎，有效促进了世界经济再平衡。作为世界第二大经济体，我国每年的经济增量相当于贡献了一个中等发达国家的经济规模，为全球经济的稳定和增长提供了持续而强大的动力；我国同一大批发展中国家的联动发展，使全球经济的发展更加平衡。我国对外开放的持续推进，为开放型世界经济发展提供了重要动力。

聚焦当下：新时代对外开放再出发

激发进口潜力。举办世界首届以进口商品为主的展会。预计未来15年，中国进口商品和服务将分别超过30万亿美元和10万亿美元。2018年5月1日对进口抗癌药实施零关税，自2018年7月1日起，降低汽车整车及零部件进口关税。

持续放宽市场准入。2017年版的自贸区负面清单，共减少了10个条目、27项措施，进一步扩大了外商准入范围和条件。大幅度放宽市场准入，在22个领域推出开放措施，外资进入银行、证券、汽车制造、电网建设、铁路干线路网建设等限制将取消；深化农业、矿业开放；加快电信、教育、医疗、文化领域的开放进程。

打造对外开放新高地。2013年9月至2018年4月，国务院先后批复设置了上海、广东、天津、海南等12个自由贸易试验区。加大西部开放力度，赋予自由贸易试验区更大改革自主权，支持海南全岛建设自由贸易试验区。我们将继续发挥自由贸易试验区改革开放试验田作用，以制度创新为核心，大力转变政府职能，实行高水平的贸易和投资自由化便利化政策，加快形成公平开放统一高效的市场环境。

营造国际一流营商环境，加大知识产权保护。重新组建国家知识产权局，完善加大执法力度，把违法成本显著提上去，把法律威慑作用充分发挥出来。世界银行最近发布2019年营商环境报告，中国营商环境全球排名上升32位，跃升至第46名。

“一带一路”从愿景到现实，从理念到实践。

“一带一路”成立以来的部分成果：

共建“一带一路”回应了各国经济社会发展的现实关切。如阿根廷位于南美洲南部，水果、牛肉、红酒、海产品等物产十分丰富，但长期以来受制于基础设施欠缺和金融市场波动，一直存在出口产品数量少、附加值低等问题。在共建“一带一路”背景下，2017年中国在阿根廷投资超过100亿美元，涵盖基础设施建设、能源、通信、农业等领域，创造了数以万计的工作岗位。中阿扩大本币互换规模，中国金融机构在阿根廷设立分支机构，为阿根廷经济社会发展提供了支持和服务。截至2018年7月，全球140多个国家和国际组织同中国签署共建“一带一路”合作文件，签署范围自亚欧大陆拓展至非洲、拉美和加勒比地区、南太平洋地区。同时，共建“一带一路”大幅提升了我国贸易投资自由化便利化水平，推动我国开放空间从沿海、沿江向内陆、沿边延伸，形成陆海内外联动、东西双向互济的开放新格局。

共建“一带一路”为完善全球治理体系变革做出了新贡献。从坚持以和平合作、开放包容、互学互鉴、互利共赢为核心的丝路精神，到聚焦政策沟通、设施联通、贸易畅通、资金融通、民心相通，再到携手打造绿色丝绸之路、健康丝绸之路、智力丝绸之路、和平丝绸之路，实践充分证明，共建“一带一路”顺应了全球治理体系变革的内在要求，彰显了同舟共济、权责共担的命运共同体意识，为完善全球治理体系变革提供了新思路新方案。

畅想未来：描绘下一个十年的中国与世界

畅想未来：下一个（ ）十年世界舞台上的中国

内容：（ ）十年后，最权威杂志之一（名称）以我国的对外开放成果为主题设计封面。

要求：请你结合今天所学内容，发挥自己的聪明才智，完成封面设计。

（三）课题：用发展的观点看问题

1. 教学目标

（1）识记发展的两种状态，量变和质变及其基本含义，理解量变和质变的辩证关系，懂得事物发展的道路和方向。

（2）结合俄国十月革命胜利的情境分析，说明新事物必然战胜旧事物是宇宙间不可抗拒的规律。培养学生描述、选择、辨析与评价的能力，坚定学生的社会主义道路自信，培养学生正确政治方向的核心素养。通过分析人体血液 pH 值和人体健康的关系，链霉素的分离过程等情境，培养和提升学生归纳与概括、解释与论证的能力，培养学生的科学精神、法治意识的学科核心素养。

2. 教学重难点

（1）新生事物是不可战胜的。

（2）准确理解量变和质变的关系。

（3）区分新旧事物的根本标志。

3. 教学方式：情境式教学、体验探究式教学、讲授式教学相结合

4. 教学过程

环节一：复习导入

同学们，大家好。通过前面的学习，我们明确了发展的观点是唯物辩证法的总特征之一。我们了解了发展的普遍性，把握了发展的实质。那么，事物发展的方向、道路是怎样的？事物在变化发展过程中要经历哪两种状态呢？带着这些问题，我们一起进入今天的学习。今天我们学

习的课题是《生活与哲学》第三单元第七课《用发展的观点看问题》。

环节二：讲授新课

教师：今天，我们一起从哲学的角度探究事物是怎样发展的。下面，我们一起来探究第一个问题：事物发展的方向和道路。

情境呈现：

沉舟侧畔千帆过，病树前头万木春。——唐·刘禹锡

探究问题：

这句诗的原意是什么？体现了什么哲学道理？

学生讨论回答。

教师分析总结：原意为翻覆的船只旁仍有千千万万的帆船经过；枯萎树木的前面也有万千林木欣欣向荣。这句诗寓意深刻，道出了新生事物必然战胜旧事物，新陈代谢是宇宙间不可抗拒的规律。

教师追问：那么，从哲学角度看，什么是新事物，什么是旧事物呢？

学生思考回答。

教师总结归纳：所谓新事物就是符合客观规律、具有强大生命力和远大发展前途的事物。

教师引导过渡：那么，区分新旧事物的判断的根本标志是什么呢？

判断：有人认为新出现的事物就是新事物。你是否同意这一观点，并说明理由。

学生讨论回答。

教师分析总结：韩剧《来自星星的你》风靡一时，催生了“都教授和千颂伊”现象。这是新现象，但并不是哲学上讲的新事物。因为判定新旧事物应该以是否符合客观规律，有没有强大的生命力和发展前途为标准。不能以出现时间的先后为依据；一般来说，新事物往往是后来出现的，但并非后出现的都是新事物。也不能从形式上看它是否时髦新奇。不能以暂时力量的强弱、发展速度的快慢、是否完善成熟作为

依据。

教师总结：区分新旧事物的根本标志在于是否与事物发展的趋势相符合。

教师引导过渡：一个幽灵，共产主义的幽灵，在欧洲游荡。为了对这个幽灵进行神圣的围剿，旧欧洲的一切势力，教皇和沙皇、梅特涅和基佐、法国的激进派和德国的警察，都联合起来了。这个幽灵不仅没有被围剿，而且在俄国取得胜利。下面让我们一同去回顾那段历史。

情境呈现：

视频：俄国十月革命的胜利（节选自视频《正道沧桑——社会主义500年》）

探究问题：俄国社会主义革命的胜利说明什么哲学道理？

学生讨论回答。

教师归纳总结：俄国十月革命的胜利说明新事物必然战胜旧事物，事物发展的前途是光明的。

教师引导过渡：那么，社会主义为什么能够战胜资本主义取得胜利呢？

情境呈现：

情境一：随着生产力的发展，资本主义制度已经不能适应社会化大生产的需要，因此，资产阶级的灭亡和无产阶级的胜利是同样不可避免的。——《共产党宣言》

教师分析：社会主义之所以能够战胜资本主义，原因之一在于它更符合社会化大生产的需要，这说明新事物符合客观规律，具有强大的生命力和远大的发展前途。因此，我们可以得出这样的结论，新事物符合客观规律，具有强大的生命力和远大的发展前途。

情境二：

资产阶级赖以形成的生产资料和交换手段，是在封建社会里造成的。……封建的所有制关系，变成了束缚生产的桎梏。它必须被炸毁，它已经被炸毁了。资产阶级在它的不到一百年的阶级统治中所创造的生产力，比过去一切世代创造的全部生产力还要多，还要大。——节选自《共产党宣言》

探究问题：

封建主义为什么被炸毁，而脱胎于封建主义的资本主义却能极大地促进生产力的发展？这说明什么哲学道理？

学生讨论回答。

教师分析总结：这说明脱胎于封建主义的资本主义和封建主义相比，它是新事物。新事物克服了旧事物中消极的、过时的和腐朽的东西，吸取了旧事物中积极的、合理的因素，并增添了为旧事物所不能容纳的新内容，因此，新事物符合客观规律，具有旧事物无可比拟的优越性。旧事物违背事物发展的必然趋势，因而最终会走向灭亡。

情境三：

全部地方政权一律转归当地工农兵代表苏维埃……

——《告工人、士兵和农民书》

推翻沙皇君主制以后俄国工农最明确最坚决地要求的和约，就是立即缔结没有兼并……没有赔款的和约。

——《和平法令》

立刻废除地主土地所有制，不付任何赎金。

——《土地法令》

探究问题：

结合上述材料，说明为什么苏维埃政权会得到广大工农的支持？这说明什么哲学道理？

学生讨论回答。

教师分析总结：这说明当时的苏维埃政权从政治、经济、生存环境的角度满足了广大人民群众最关心的问题，满足了人民的利益诉求，所以会得到人民群众的支持。这说明社会主义之所以能够取得胜利，是因为新事物符合历史发展的必然趋势，反映了社会进步的基本要求，符合人民群众的根本利益和要求，得到了广大人民群众的支持和拥护。所以，新事物符合历史发展的必然趋势，反映了社会进步的基本要求，符合人民群众的根本利益和要求，得到了广大人民群众的支持和拥护。

综上所述：事物发展的前途是光明的，是因为新事物具有无可比拟的优越性；旧事物最终会走向灭亡；新事物会得到人民群众的支持。

教师引导过渡：那么，事物发展的道路是怎样的呢？

教师分析：任何新事物的发展都不是一帆风顺的，俄国十月革命的过程也必然是艰难曲折的。让我们随短片一起了解那段历史。

情境呈现：

视频：俄国十月革命的曲折历程（节选自视频《正道沧桑——社会主义500年》）

探究问题：

俄国十月革命的过程为什么会经历艰难和曲折？这说明什么哲学道理？

学生讨论回答。

教师分析总结：从视频中，我们看到，俄国十月革命之所以经历了艰难曲折的历程，首先在于俄国的布尔什维克甚至是列宁对社会主义革命的认识有一个从不完善到完善的过程，在这一过程中，新事物本身不可避免地存在弱点和不完善的地方，而人们对新事物的认可也有一个过程。因此，从新事物本身来说，新事物的发展总要经历一个由小到大、由不完善到比较完善的过程。新事物本身不可避免地存在弱点和不完善的地方，人们对新事物的认可也有一个过程。

教师分析：从视频中，我们还可看到资产阶级势力、封建势力，甚至外国的反动势力对革命的破坏和绞杀。这说明从旧事物来看，旧事物是不会自动退出历史舞台的，总是顽强抵抗和极力扼杀新事物。

综上所述，新事物战胜旧事物不可能一蹴而就，必然经历曲折的历程。正如列宁所说："设想世界历史会一帆风顺，按部就班地向前发展，不会有时出现大幅度的跃退，那是不辩证的，不科学的，在理论上是不正确的。"

综合以上分析，事物发展的前途之所以是曲折的，是因为新事物的成长要经历一个过程；人们对新事物的认识有一个过程；旧事物会抵抗和扼杀新事物。

教师引导过渡：俄国十月革命经历了艰难曲折的历程，最后取得胜利。这给我们什么哲学启示？

学生讨论回答。

教师总结归纳：首先要坚信前途是光明的。我们要对未来充满信心，热情支持和悉心保护新事物，促使其成长、壮大。其次要准备走曲折的路。做好充分的思想准备，不断克服前进道路上的各种困难，勇敢地接受挫折与考验。

教师分析：实际上，中华民族的发展史，也是一部为实现梦想而不断拼搏的历史。

情境呈现：

视频：中华民族的追梦史（节选自视频《正道沧桑——社会主义500 年》）

教师引导分析：中华民族的追梦过程，既是艰难困苦的求索历程，也是不断前进的发展史。

正如中共中央总书记习近平所说：中华民族的昨天，可以说是"雄关漫道真如铁"。中华民族的今天，正可谓"人间正道是沧桑"。中华民族的明天，可以说是"长风破浪会有时"。我们相信我们的民族、我们的国家一定会越来越好，越来越强大，我们的人民一定会越来越幸福。因为阳光总在风雨后。

教师引导过渡：我们明确了事物发展的方向和道路，那么，事物发展的状态是怎样的呢？

情境呈现：

人体血液中的pH值与人体健康有着密切的关系

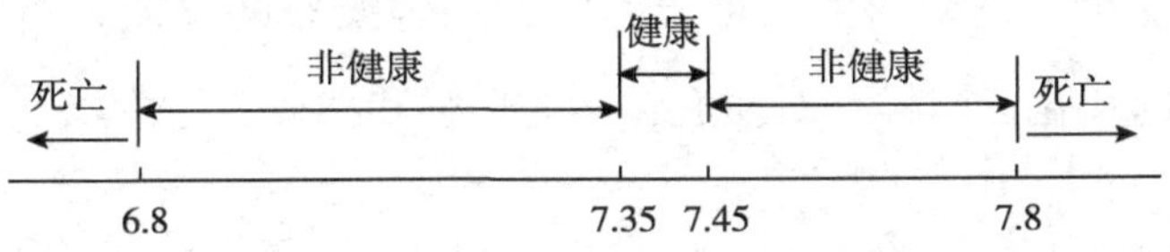

图4－1　人体血液pH值与人体健康关系图

教师引导思考：从这幅图中可以看出，人体分为健康、非健康和死亡三种性质完全不同的状态。pH在7.35和7.45之间人体处于健康状态，pH在7.45和7.8之间，6.8和7.35之间，人体处于非健康状态，如果超过7.8和低于6.8人就死亡了。那么，什么是质、量、度呢?

教师分析：所谓质是指使事物相互区别的规定性，如活着和死亡。所谓量是指事物在数量上的规定性，如人的身高、体重、年龄，文化程度。所谓度是指事物保持质的稳定的量的界限，如图4－1所示的pH7.35、pH7.45等。

教师引导分析：从图4－1中，我们可以得到这样的信息，pH在7.35和7.45之间，虽然数值在发生变化，但是身体处于健康状态，即事物的性质没有发生改变。在这一变化过程中，只是数量的增加和减少，我们把事物变化过程中的这种状态称为量变，即量变是事物数量的增减和场所的变更，是一种渐进的、不显著的变化。

教师分析：对量变的把握要注意以下几点，见表4－4。

表4－4　量变知识汇总表

性质	事物数量的增减和场所的变更
特点	渐进的、不显著的变化
呈现状态	统一、相持、平衡和静止
结果	事物还是其自身，没有变成另一事物

教师分析：从图4－1中可以看到，如果pH达不到7.35或者超过

7.45，身体就由健康状态转为非健康状态，事物的性质就发生了改变，我们把事物变化过程中的这种状态称为质变。因此，所谓质变是事物根本性质的变化，是事物由一种质态向另一种质态的飞跃，是一种根本的、显著的变化。同样，对质变含义的理解和把握要注意以下几点（见表4-5）。

表4-5 质变知识汇总表

性质	事物根本性质的变化，是事物由一种质态向另一种质态的飞跃
特点	根本的、显著的变化
呈现状态	统一物的分解、平衡和静止的破坏
结果	事物不再是自身，而变成了另一事物

教师总结：通过以上分析，我们知道了量变和质变是事物发展过程中两种不同的状态。量变是指事物数量的增减和场所的变更，是一种渐进的、不显著的变化。质变是指事物根本性质的变化，是事物由一种质态向另一种质态的飞跃，是一种根本的、显著的变化。通过以上分析，我们知道，如果要让身体保持健康状态，pH 必须保持在 7.35 和 7.45 之间。追求身体健康是人类发展过程中的永恒目标之一。要保持身体健康，就要不断同各种危害人体健康的细菌进行斗争。

情境呈现：链霉素的分离过程

在20世纪40年代以前，结核病被称为“白死病”。人们把它与中世纪的“黑死病”（鼠疫）相提并论，因为在19世纪的欧洲，它是引起死亡最多的一种疾病。在很多文学作品中，结核病患者苍白的脸色和带血的手绢，甚至成为那个时期人物的典型特征。美国的瓦瑟曼通过筛选成千上万的微生物来有意识、有目的地寻找对抗结核病的抗生素。

从1939年到1943年，瓦瑟曼从土壤中共分离出1万株放线菌，发现其中有10株能够产生对病原细菌有抑制作用的抗生素。然而，由于大部分放线菌毒性太大而无法应用于临床。

转机出现在1944年。这一年，瓦瑟曼终于分离出一株灰色的放线菌，它产生的抗生素不仅能杀死结核杆菌，而且对人体没有毒性。瓦瑟曼把这种抗生素命名为链霉素。

探究问题1：

瓦瑟曼分离出链霉素的过程，事物的发展经历了哪两种状态？

学生讨论回答。

教师分析总结：筛选成千上万的微生物的过程属于量变阶段，最后终于分离出一株灰色的放线菌，它产生的抗生素不仅能杀死结核杆菌，而且对人体没有毒性的过程属于质变。链霉素的发现过程体现了事物的变化发展都是量变和质变的统一。

探究问题2：

在成千上万种微生物中筛选出1万株放线菌，从1万株中分离出10株能够产生抗生素的，最后终于在1株中分离出链霉素，这一过程蕴含了什么哲学道理？

学生讨论回答。

教师分析总结：在一株中分离出链霉素正是经历了从成千上万种微生物中筛选、甄别的结果，如果没有成千上万—1万—10株，就没有最后的1株。这说明事物的发展总是从量变开始的，量变是质变的必要准备。正如老子所说：合抱之木，生于毫末；九层之台，起于垒土；千里之行，始于足下。

教师引导过渡：那么，什么样的量变会引起质变呢？

教师引导分析：从人体血液pH与人的健康的关系来看，当pH从7.45不断增加，达到7.8这个临界点时，身体就由健康状态转为不健康状态，事物的性质也发生了变化。这是量变引起质变的第一种情形，即单纯数量的增减引起的质变。金刚石和石墨都是由碳组成，但因为排列次序不同导致二者性质不同。这说明量变引起质变不一定是数量的增减，由于构成事物的成分在排列组合上发生变化也可以引起质变。

教师追问：有量变就有质变的发生这种说法对吗？为什么？

学生讨论回答。

教师分析：量变是质变的前提和必要准备，没有量的积累就不会有质变的发生。但是有量变不一定有质变，因为任何事物都有保持自己性质稳定性的临界点，即我们所说的度。如果量的积累没有达到一定的度，事物的性质就不会发生变化，也就没有质变的发生。因此，有量变就会有质变的发生，这一说法是不科学的。

探究问题3：

美国的瓦瑟曼从成千上万种微生物—1 万株—10 株—1 株上终于分离出无毒放线菌，这说明什么哲学道理？

学生讨论回答。

教师分析：单纯数量的量变不会无限制地持续下去，量变达到一定程度必然引起质变。事物质变的发生绝不是偶然的，而是必然的，质变是量变的必然结果。

教师分析：在链霉素的发现过程中，瓦瑟曼通过筛选成千上万的微生物来有意识、有目的地寻找对抗结核病的抗生素——链霉素。最后功夫不负有心人，他取得了成功，人类在结核病面前从无能为力到发现链霉素并战胜结核病的威胁。这告诉我们，单纯数量的量变不会无限制地持续下去，量变达到一定程度必然引起质变。事物质变的发生绝不是偶然的，而是必然的，质变是量变的必然结果。

教师追问：事物发生质变就说明事物发展了吗？

学生讨论回答。

教师分析：质变是指事物性质的根本变化。事物性质的变化可以是符合规律的、积极的，也可以是违背规律的、负面的。发展是有趋向性的，其实质是事物的前进和上升，是新事物的产生和旧事物的灭亡。所以，事物发生质变就说明事物发展了这一观点是不科学的。

情境呈现：有资料显示，当今人类寿命较 100 年前增加了近 20 岁，其中，抗生素功不可没——至少有10 岁得益于抗生素的广泛使用。

教师引导过渡：抗生素的发明和使用，说明人类和病菌的斗争进入了新的阶段。那么，当质变完成后，事物的发展是否就完成了呢？

情境呈现：

视频：超级细菌与人类。（选自央视栏目《新闻1+1》）

探究问题：

超级细菌的出现告诉我们什么哲学道理？面对超级病菌的威胁，人类又是如何应对的呢？这又说明什么哲学道理？

学生讨论回答。

教师分析归纳：超级细菌的出现是人类滥用抗生素的后果，面对超级细菌，人类一方面呼吁并注意抗生素的使用，另一方面又不断研制新的药物来战胜超级病菌。这说明，人类为战胜病菌又踏上了新的征途。这告诉我们质变又为新的量变开辟道路，使事物在新质的基础上开始新的量变。事物的发展就是这样由量变到质变，又在新质的基础上开始新的量变，如此循环往复，不断前进。

教师追问：事物的发展过程，就是由量变到质变的过程。这一观点是否正确，为什么？

学生讨论回答。

教师分析：这种观点的合理之处在于，事物的发展过程就是先从量变开始的，量变发展到一定程度，必然引起质变。但是由量变到质变并没有结束事物的发展过程，事物在新质的基础上会开始新的量变。质变又为新的量变开辟道路。事物不断经过量变、质变、新的量变、新的质变，不断前进。从这个角度看，又存在不全面的地方。

教师分析：综上所述，量变和质变的辩证关系是，量变是质变的必要准备，质变是量变的必然结果，质变为新的量变开辟道路。事物不断经过量变到质变，又在新质的基础上开始新的量变，如此循环往复，不断前进。

教师分析：在量变和质变的关系上，形而上学有两种表现形式。一种是只承认质变，否认量变，否认量变是质变的必要准备；另一种是否认质变，否认质变是量变的必然结果。认为事物的发展只有量的渐进，没有质的发展，这两种形式都是我们要反对的。

教师引导过渡：量变和质变的辩证关系原理给我们带来哪些方法论的启示呢？

教师提问：美国的瓦瑟曼通过筛选成千上万的微生物最后终于发现了对抗结核病的抗生素——链霉素，这一过程给我们什么哲学启示？

学生讨论回答。

教师分析总结：我们知道事物的发展总是从量变开始的，没有量的积累就没有事物根本性质的变化，这就要求我们，做任何事情都要从一点一滴的小事做起，脚踏实地，埋头苦干，做好量的积累，为实现事物的质变创造条件。

情境呈现：

骐骥一跃，不能十步；驽马十驾，功在不舍。——荀子《劝学篇》

探究问题：

超级细菌的出现给我们带来什么哲学启示呢？

学生讨论回答。

教师分析归纳：任何事物都有保持事物性质稳定的量的规定，即度。如果超过这个度，或者达不到这个度，事物都不会发生质变。抗生素本来是对付病菌的良药，但如果过度使用，就会增强病菌的抗药性，导致超级病菌产生，最终威胁人类的生存。这就告诉我们，如果不想让事物发生质变，就要坚持适度原则，保持事物性质的稳定。

教师提出问题：在十月革命爆发前，面对布尔什维克党党内某些领导人对即将到来的起义犹豫不决，将要贻误战机的现象，列宁心急如焚，他说：拖延起义等于自取灭亡，等待会丧失一切。列宁毅然带领民众发动了起义，取得了革命的胜利。这个案例给我们带来什么哲学启示？

学生讨论回答。

教师分析：在量变已经达到一定程度、只有改变事物原有的性质才能向前发展时，要果断地抓住时机，促成质变，实现事物的飞跃和发展。正如柏拉图所说：一个人不论干什么事，失掉恰当的时节、有利的时机就会前功尽弃。

教师总结：综合以上分析，量变质变辩证关系原理的方法论要求是，重视量的积累，善于抓住机遇，坚持适度原则。

环节三：本课小结

这节课，我们主要学习和探究了两大问题，第一，事物发展的前途和道路，即事物发展的前途是光明的，道路是曲折的，要求我们看问题，办事情要坚信前途是光明的，又要做好准备走曲折的路；第二，事物发展的状态，即我们明确了事物的发展是量变和质变的统一，这要求我们在平时的学习和生活中，要重视量的积累，坚持适度原则，又要不失时机地促成飞跃。

（四）课题：如何理解中国特色社会主义文化

1. 教学指导思想

党的十九大报告：文化自信是一个国家、一个民族发展中更基本、更深沉、更持久的力量。推动中华优秀传统文化的创造性转化、创新性发展，继承革命文化，发展社会主义先进文化，不忘本来、吸收外来、面向未来，更好地构筑中国精神、中国价值、中国力量，为人民提供精神指引。

《普通高中思想政治课程标准》人教版（2017 年版）：通过问题情境的创设，促进学生转变学习方式，在合作学习和探究学习的过程中，培养创新精神。

建构主义理论：当代建构主义者主张，学生是学习的主体。学习不是由教师把知识简单地传递给学生，而是由学生自己建构知识的过程。学生不是简单被动地接收信息，而是主动地建构知识的主人。

2. 教学目标

（1）知道实现中国梦和发展中国特色社会主义文化之间的关系，理解中国特色社会主义文化的内容，懂得发展中国特色社会主义文化的要求。

（2）通过事例探究提高学生的阅读能力、解读和获取信息的能力，通过从具体事例归纳理论，锻炼学生的抽象思维能力、透过现象看本质的能力。

（3）通过探究学习使学生感悟中国特色社会主义文化的特点，坚持我国的文化自信的学科核心素养。

3. 教学重难点

理解中国特色社会主义文化的内容和发展的具体要求。

4. 教学方式：情境探究式、讲授式等

5. 教学过程

教师导入新课：同学们，大家好。在第四单元的学习中，我们知道，随着我国社会主义市场经济的发展，文化市场呈现出前所未有的斑斓色彩，这需要国家充分发挥中国特色社会主义文化的引领和示范作用。当代中国正站在新的历史起点上向新的目标迈进，这就需要发挥中国特色社会主义文化引领方向、凝聚力量、推动事业发展的作用。总之，发展中国特色社会主义文化是人民的呼唤、时代的呼唤。今天，我们聚焦中国特色社会主义文化，感悟中国特色社会主义文化。

今天，我们学习的课题是《文化生活》第四单元综合探究：感悟中国特色社会主义文化。在这一课题中，我们主要探究三个问题：一是实现中国梦必须发展中国特色社会主义文化；二是中国特色社会主义文化的内容；三是发展中国特色社会主义文化的具体要求。在这三个问题的探究中，我们将完成的知识目标有：知道实现中国梦必须发展中国特色社会主义文化；理解中国特色社会主义文化的内涵和特点；懂得发展中国特色社会主义文化的要求。下面我们首先进入第一个问题的学习。

环节一：实现中国梦必须发展中国特色社会主义文化

教师引导：习近平同志指出，面对浩浩荡荡的时代潮流，面对人民群众过上更好生活的殷切期待，我们不能有丝毫自满，不能有丝毫懈怠，必须再接再厉、一往无前，继续把中国特色社会主义事业推向前进，继续为实现中华民族伟大复兴的中国梦而努力奋斗。在中国梦的实现过程中，文化将会起到怎样的作用呢？下面让我们一起来看《大国崛起》给我们带来的思考。

情境呈现：

视频：《大国崛起》片段

探究问题：

影响大国崛起的因素很多，运用所学文化生活的有关知识，分析为什么文化能成为大国崛起的重要因素？这给实现中国梦带来什么启示？

学生讨论回答。

教师分析总结：从文化与经济、政治的关系来看，一定的文化由一定的经济、政治决定，又反作用于一定的经济、政治，给予政治、经济以重大影响。不同性质的文化作用不同，先进的、健康的文化促进经济和社会的发展。从文化与综合国力的关系来看，文化是民族的血脉，是人民的精神家园。当今世界，各国之间综合国力竞争日趋激烈，文化越来越成为综合国力竞争的重要因素。从一定意义上说，谁占据文化制高点，谁就能在激烈的国际竞争中赢得主动。因此，文化成为大国崛起的重要因素之一。

教师分析：大国崛起告诉我们，世界上每个民族、每个国家都有自己独特的文化。不同的民族文化，影响着不同民族和国家各具特色的发展道路。要实现中华民族伟大复兴的中国梦，必须推动社会主义文化大发展大繁荣，必须走中国特色社会主义文化发展道路。正如党的十八大报告指出：我们一定要坚持社会主义先进文化前进方向，树立高度的文化自觉和文化自信，向着建设社会主义文化强国的宏伟目标阔步前进。

教师引导过渡：那么，什么是中国特色社会主义文化？它的内涵和特点是什么呢？下面我们一起进入下一个内容的学习。

环节二：了解中国特色社会主义文化

教师引导过渡：党的十八大报告指出：建设面向现代化、面向世界、面向未来的，民族的科学的大众的社会主义文化。我们来共同探究“民族的科学的大众的”这一基本内涵。

教师分析：在文化的发展过程中应该如何对待传统文化，马克思给出了这样的答案：“人类自己创造自己的历史，但是他们不是随心所欲地创造，并不是在他们自己选定的条件下创造，而是在直接碰到的、既定的、从过去继承下来的条件下创造。”

文化的发展也应该建立在继承传统的基础上。那么，中国特色社会主义文化的发展中继承了哪些传统理念呢？下面让我们通过两个事例来一同体会。

情境呈现：

中华民族素来以睦邻友好、爱好和平著称于世。《墨子》一书中曾指出，“处大国不攻小国，处大家不篡小家，强者不劫弱，贵者不傲贱”。党的十九大报告指出：坚持和平发展道路，推动构建人类命运共同体。由此可见，古今中国，爱好和平的理念一脉相承。

同样，在人和自然的关系上，中华民族强调要热爱自然，和谐对待自然。孟子曾说过：不违农时，谷不可胜食也；数罟不入洿池，鱼鳖不可胜食也；斧斤以时入山林，材木不可胜用，是使民养生丧死无憾也。党的十九大报告指出：加快生态文明体制改革，建设美丽中国。

探究问题：

结合上述材料分析，中国特色社会主义文化和中华民族文化之间的关系。

学生讨论回答。

教师提炼总结：任何时代的文化都离不开对传统文化的继承；任何形式的文化，都不可能摒弃传统文化从头开始。对传统文化的批判性继承，是一个民族和国家文化发展的根基。先进文化的存在和发展是以本民族文化为载体和基础的。

作为中国当代先进文化——中国特色社会主义文化，应当具有典型的中国作风和中国气派，体现并继承中华民族的优秀传统。由此可见，中国特色社会主义文化是民族的文化。

情境呈现：

面对资源约束趋紧，环境污染严重，生态环境恶化的严峻形势，党的十九大提出要加快生态文明体制改革，建设美丽中国。

探究问题：从文化角度分析，党为什么能够提出生态文明建设呢？

学生讨论回答。

教师分析总结：中国特色社会主义文化正确地反映了自然、社会和思维的本质及其发展规律，它是科学的文化，因而能为决策的民主化和科学化提供理论依据。

教师分析：为了谁、依靠谁是推进文化发展的根本问题，决定着文化的性质和方向。社会主义文化事业是亿万人民群众创造的事业，人民群众是社会实践的主体，也是文化创造的主体。中国特色社会主义文化要关注人民群众的根本利益，理解人民群众对文化生活的基本需求。由此我们可以得出，中国特色社会主义文化是大众的文化。

教师引导分析：综合上述探究，我们知道中国特色社会主义文化的内涵是民族的、科学的、大众的文化。

探究问题："民族的""科学的""大众的"这三者之间有什么内在联系？

学生讨论回答。

教师分析总结：紧密联系，不可分割。科学的、大众的文化，既源于中华民族五千年文明史，又植根于中国社会主义现代化的实践，否则将成为无源之水、无本之木，这就要求它具有民族性。科学的、民族的文化，必须既能满足人民不同层次的、多方面的、健康的精神需求，又为广大人民群众所喜闻乐见，否则就会曲高和寡，脱离群众，失去基础，这就要求它具有大众性。民族的、大众的文化需要具有科学性。以科学的世界观和方法论为指导，以合理先进的价值体系为主要内容，以科学的态度对待一切思想文化，否则就会因倒退、没落、变质而失去生命力。

教师提问：中国特色社会主义文化有什么特点呢？下面我们一起来探究。

教师引导过渡：为了纪念发明大王爱迪生，在美国有一个爱迪生市。你知道爱迪生的科技发明给美国带来怎样的影响吗？让我们通过下面的短片一起来了解。

情境呈现：

视频：爱迪生市——选自《大国崛起》

探究问题：

第二次世界大战后，美国文化独占鳌头，给中国的文化发展带来哪些思考？

学生讨论回答。

教师分析总结：在现代，所有发达国家生产率的增长主要是靠科学技术的进步获得的。人类社会发展到今天，科技在社会生活中的作用越来越大，成为生产发展和社会进步的关键性因素。而科技的发展又离不开文化和教育的发展。

情境呈现：

邓小平同志曾说：如果教育问题解决不好，就会误大事，应要负历史责任。

探究问题：

我们应该如何理解邓小平这句话的现实意义呢？

学生讨论回答。

教师分析总结：文化与经济相互交融。在当代经济发展中，科技的作用越来越重要。发展教育事业，培养各类高素质人才，对我国经济发展有着重要作用。教育是人类特有的传承文化的能动性活动，具有选择、传递、创造文化的功能，在人的教化和培育上始终扮演着重要角色。教育是民族振兴和社会进步的基石。所以，我国坚持优先发展教育，提高全民族的科学文化素养。

教师提出问题：以上分析说明了中国特色社会主义文化的什么特点？我们应该如何理解这一特点？

学生讨论回答。

教师分析总结：这说明面向现代化的特点，面向现代化是中国特色社会主义文化建设充满时代精神的重要体现。面向现代化，我们可以从以下三个方面来理解。我国正处在社会主义初级阶段，现代化建设是最重要最紧迫的任务。我国的社会主义现代化建设有赖于科技进步和劳动者素质的提高。社会主义精神文明是我们进行改革开放和现代化建设的重要目标，也是搞好改革开放和现代化建设的重要保证。

随着经济全球化趋势的加强，任何一种文化都不能离开世界文明孤立地存在，而应该敞开胸怀，面向世界。面向世界，是中国特色社会主义文化建设具有开放精神的重要体现。中国特色社会主义文化必须面向世界。面向世界就要面临来自世界的挑战。

情境呈现：

美国作为当今的文化强国，其文化影响是通过“三片”即土豆片（麦当劳等快餐）、影视片（好莱坞等）和电子芯片（网络、手机等）这些物质文化表现的。“三片”带着民主、人权、自由等美国文化中的核心价值观走向了全世界；2017年韩国文化产业出口68.9亿美元，同比增长14.7%。我们突然发现韩剧早已经走进中国的千家万户，不但青少年早已开始崇拜韩国偶像，而且大叔大妈们也慢慢喜欢上韩国明星；日本动漫是日本的第三大产业，据说动漫及其关联行业占日本GDP的10%，全世界60%的动漫产品来自日本，中国从儿童到成人不知有多少人是日本动漫的忠实粉丝。

探究问题：

结合上述材料，分析中国特色社会主义文化必须面向世界的紧迫性。

学生讨论回答。

教师分析总结：文化与政治相互交融。随着世界多极化和经济全球化的发展，某些国家通过文化渗透的方式，竭力推销自己的价值观念，因此，维护国家文化安全的任务更加艰巨。在世界多极化的进程中，文化越来越成为综合国力竞争的重要因素。我国要想在激烈的国际竞争中维护自己的文化安全，并在国际竞争中取得有利的地位，必须大力加强文化建设。

中国特色社会主义文化必须面向世界的另一层含义，是指要和世界各国交流、学习、借鉴。正如习近平同志所说：人类已经有了几千年的文明史，任何一个国家、一个民族都是在承先启后、继往开来中走到今天的，世界是在人类各种文明交流交融中成为今天这个样子的。推进人类各种文明交流交融、互学互鉴，是让世界变得更加美丽、各国人民生活更加美好的必由之路。

教师分析：中国特色社会主义文化的发展，要以世界优秀文化为营养，充分吸收外国文化的有益成果。即面向世界，博采众长。发展中国先进文化，既要坚持以我为主，为我所用，又要积极向世界展示中华文化的成就和魅力，推动中华文化走向世界。因此，面向世界是中国特色社会主义文化建设具有开放精神的重要体现。先进文化应当体现时代精神，反映时代发展的主流和方向，因此，创新是现今文化发展的不竭动力。作为我国当代的先进文化，中国特色社会主义文化必须面向未来。

教师引导过渡：朱熹曾说，问渠哪得清如许，为有源头活水来。京剧这门古老的艺术因为不断创新发展，会给我们带来怎样的惊喜呢？让我们一起来欣赏。

情境呈现：

视频：融合现代艺术 京剧创新亮点多（选自央视栏目《朝闻天下》）

探究问题：

1. 结合朱熹的话，分析京剧这门古老的艺术为什么在今天依然能够带给我们惊喜？

2. 文化的创新给中国特色社会主义文化的发展带来什么启示？

学生讨论回答。

教师总结分析：当今社会，随着经济、政治的发展，文化只有不断发展，才能满足人民日益增长的精神需求，才能对社会和人的发展起积极作用。文化创新是一个民族文化永葆生命力和富有凝聚力的重要保证，也是中国特色社会主义文化发展的不竭动力。失去创新能力的文化，是没有发展前途的。

因此，面向现代化是中国特色社会主义文化建设鼓励创新精神的重要体现。

教师分析：中国特色社会主义文化之所以具有面向未来的特点，是因为马克思主义坚持用发展的观点看问题，在实践中进行理论创新，指导文化建设面向未来，顺应历史潮流，响应时代呼唤。只有不断融入以改革创新为核心的时代精神，才能使我国丰富的历史文化遗产得以继承和发展，做到古为今用，开辟中国文化的新境界。只有不断结合新的实践和时代要求，积极进行文化创新，才能满足广大人民日益增长的精神文化生活需要。

教师提问："三个面向"体现了中国特色社会主义文化的什么品质？

学生讨论回答。

教师分析：反映了中国特色社会主义文化与时俱进的品质。先进的文化具有与时俱进的品质，适应时代发展，反映时代规律，服务时代主题，文化才能保持其先进性。因此，在当代中国，中国特色社会主义文化就是先进文化。

环节三：如何发展中国特色社会主义文化

教师引导过渡：那么，我们应该如何发展中国特色社会主义文化呢？下面，我们一起来看法国、美国等发达国家，在文化发展中的一些具体做法给我国带来的启示。

情境呈现：

视频：美国的专利制度和法国的思想（选自《大国崛起》片段）

探究问题：

法国和美国在文化发展中的具体做法给中国特色社会主义文化发展带来哪些启示？

学生讨论回答。

教师分析总结：法国把自由、平等、博爱确立为三大核心思想，不仅促进了法国的崛起，也对欧洲乃至整个世界产生了深远影响。这对我国文化发展的启示是：发展中国特色社会主义文化关键在于坚持马克思主义在意识形态领域的指导地位。坚持以马克思主义为指导、以社会主义先进文化为引领，是中国特色社会主义文化最鲜明的特征，也是事关文化改革发展全局的根本问题。只有这样，才能铸牢中国特色社会主义文化发展的根基。

教师提问：为什么要坚持马克思主义在意识形态领域的指导地位呢？

学生讨论回答。

教师引导分析：在任何国家、任何社会，其主流意识形态都是一元的。如果主流意识形态缺少正确的理论作支撑，必然导致整个社会的思想混乱和政局动荡。正如邓小平同志所说“对马克思主义的信仰，是中国革命的一种精神动力”。离开马克思主义的指导，我们的社会主义文化建设就要失去动力，失去灵魂，失去方向。

教师分析：美国专利制度的建立，激发了全社会的创造热情。这对我国文化发展的启示是：发展中国特色社会主义文化，要深化文化体制改革，解放和发展文化生产力，推动文化事业全面繁荣、文化产业快速发展，不断增强文化整体的竞争力。改革是解放和发展生产力的必由之路，也是解放和发展文化生产力的必由之路。破除束缚和制约文化发展的体制性障碍，增强文化发展的生机和活力。发展公益性文化事业是社会主义制度下保障人民基本文化权益的基本途径，是实现文化发展成果由人民共建共享的制度保障。发展文化产业是社会主义市场经济条件下满足人民多样化精神文化需求的重要途径，是充分发挥市场在文化资源配置中的积极作用、激发全社会文化创造活力的必然要求。

情境呈现：

文化自信是一个国家、一个民族发展中更基本、更深沉、更持久的力量。必须坚持马克思主义，牢固树立共产主义远大理想和中国特色社会主义共同理想，培育和践行社会主义核心价值观，不断增强意识形态领域的主导权和话语权。

——选自党的十九大报告

探究问题：为什么要大力加强社会主义核心价值体系建设？

学生讨论回答。

教师分析：通过以前的学习，我们知道文化是人创造的，文化又影响着每个人。优秀的文化能够丰富人的精神世界，增强人的精神力量，促进人的全面发展。

世界观、人生观、价值观是人们文化素养的核心和标志，会对人的综合素质和终身发展产生深远持久的影响。社会主义核心价值体系的灵魂是坚持马克思主义的指导地位；主题是树立中国特色社会主义共同理想；精髓是培育和弘扬民族精神和时代精神；基础是树立和践行社会主义荣辱观。立足于中国特色社会主义的实践，发扬民族文化的优秀传统，汲取世界各民族文化的长处，发展中国特色的社会主义文化，是我国人民共同的事业。正如党的十八大报告所讲，建设社会主义文化强国，必须走中国特色社会主义文化发展道路，坚持为人民服务、为社会主义服务的方向。

教师总结：下面我们一起梳理本课题的内容。这节课，我们主要探究了三个问题：知道了实现中国梦必须发展中国特色社会主义文化；理解了中国特色社会主义文化是面向现代化、面向世界、面向未来的民族的大众的科学的文化；懂得了发展中国特色社会主义文化的具体要求。

跋

今天上午，李柠通过微信把帮我修改的稿子发给我，并细心地把要注意的事项一一罗列出来。看到她发给我的稿子，心中有着莫名的感动。想起寒假期间，她发微信提醒我关注书稿进展；五一前夕，她陪着我一起去出版社和龙老师谈修改事宜……如果没有李柠的穿针引线，张罗奔走，就不会有这本书。

我自己的能力决定了自己接受别人对我的帮助远远多于自己对别人的付出。这使我常常心生愧疚，常怀感恩之心。

我从毕业到现在，在一线教师的岗位上工作了将近30年。一路走来，得到了很多人的帮助。感谢宅心仁厚的长者清华附中的杜毓贞老师，以及对我有知遇之恩的海淀进修学校政治教研室的冯翠霞、张学风老师。也感谢和我一起共事的教研组的同事们，与优秀者同行，才会成就更好的自己。

感谢我的家人，他们的爱是我永远的避风港和加油站。

感谢，曾经给予我前进动力的人；感恩，曾经给予我帮助的人！

作者写于2019年5月3日